Testigos

PADRE AMORTH

PAOLO RODARI

El signo del exorcista

Mis últimas batallas contra Satanás

SAN PABLO

5.ª edición revisada

Título original: *Il segno dell'esorcista*
Traducido por *Henry Peña*

Distribución: SAN PABLO. División Comercial
Resina, 1. 28021 Madrid
Tel. 917 987 375 - Fax 915 052 050
E-mail: ventas@sanpablo.es
ISBN: 978-84-285-4328-6
Depósito legal: M. 29.032-2013
Impreso en Artes Gráficas Gar.Vi. 28970 Humanes (Madrid)
Printed in Spain. Impreso en España

Esto dice Yavé, tu redentor,
el Santo de Israel:
Yo soy Yavé, tu Dios,
te instruyo en lo que es provechoso,
te marco el camino que has de seguir.
¡Si hubieras escuchado mis mandatos,
tu plenitud habría sido como un río,
tu prosperidad como las olas del mar!
¡Tu descendencia sería como la arena,
el fruto de tu vientre como sus granos!
¡Nunca será arrancado ni borrado
de mi presencia su nombre!
(Is 48,17-19)

Volverán a sonar nuestras campanas

Nunca dejo de preguntarme: ¿qué le ha pasado a nuestra Europa católica?

Soy viejo, pero no tanto como para olvidar aquella fe vivida cuando las iglesias se llenaban todos los domingos y uno se arrodillaba; cuando de nuestras naciones (Italia, Francia, Austria, España, Portugal, Irlanda...) partían los misioneros hacia todo el mundo, pues los seminarios y las casas religiosas estaban llenos de vocaciones; cuando las familias estaban unidas y las mamás eran mamás, es decir, educaban a los hijos; y así sucesivamente. Pero, ¡qué disuelta y agonizante está la sociedad de hoy!

Ha sido el derrumbe de la fe, y también por esto la Iglesia católica dedicó un año a la fe, del 11 de octubre de 2012 al 24 de noviembre de 2013. No he querido quedarme atrás, de modo que, después de haber escrito tantos libros, ofrezco este, para que quien tenga fe, la reafirme, y quien no la tenga, la descubra.

¿Pretendo mucho? ¿He adquirido un concepto exagerado de mí mismo después de la redacción de tantos libros? Sé que soy pequeño e insignificante; pero estoy también seguro de que detrás de mí está la Virgen que, no sé por qué, me ayuda de manera extraordinaria y me hace triunfar en las muchas iniciativas que ella misma me inspira. Recuerdo por lo menos las más importantes: haber obtenido y organizado la consagración de Italia al Corazón Inmaculado de María en 1959 y, últimamente, haber fundado la Asociación Internacional de los Exorcistas, que no existía antes.

Y es por esto que invoco la intercesión de María, para que haga eficaz estas palabras de fe y haga oír el sonido de nuestras campanas, señal de un pueblo unido en la fe en Dios.

Pero tampoco puedo desatender mi misión de exorcista en un mundo que se está lanzando a los brazos del demonio. Por esto incluyo el relato de dos interesantes casos de exorcismo, enriquecidos con observaciones relacionadas con el contenido general del libro.

Mi agradecimiento a mi amigo el periodista Paolo Rodari, que una vez más (después de *El último exorcista,* publicado por San Pablo en 2012) ha compartido la fatiga de esta redacción, tratando de hacer una lectura fluida incluso en las partes más exigentes.

Que el Señor haga fructificar este libro, para quien tenga la paciencia de leerlo.

GABRIEL AMORTH

En principio solo es Dios

¿No lo sabías? En el mundo existe el bien. ¿No lo crees? Detente un momento. Y responde a mis preguntas. ¿Quién puede contar las estrellas? En una galaxia hay millones. Pero millones –se estima cien mil millones más o menos– son también las galaxias. Un número impresionante e hipotético para una inmensidad inescrutable. ¿Quién puede contarlas? ¿Quién puede alcanzarlas? Sin embargo, el Salmo 146 nos dice que Dios conoce todas las estrellas y las llama por su nombre una a una.

Nadie es capaz de contar todo lo que constituye el inmenso universo que nos rodea, ni de recorrer este universo y descifrarlo en toda su inmensa amplitud. Pero aunque en el futuro haya alguien que sea capaz, siempre habrá una poderosa pregunta fundamental: ¿quién lo ha hecho? ¿Quién lo ha creado? ¿Quién ha hecho las estrellas? ¿Quién las galaxias? ¿Quién ha modelado todo el universo? ¿Qué mano ha creado este orden perfecto, este infinito orden que solo aparentemente es inmóvil, pero que está plenamente en movimiento?

Seamos sinceros: ningún hombre puede definirse como tal si no sabe responder a esta pregunta. ¿Qué hombre eres? ¿Qué mujer eres? ¿Qué eres si no sabes quién te ha hecho, quién ha hecho todo lo que te rodea? ¿Qué eres si no sabes de qué mano provienes?

Has crecido en el vientre de tu madre, es verdad. Quizá te han dicho también el día en el que fuiste concebido, el momento en el que misteriosamente comenzaste a ser alguien vivo... pero, ¿por qué naciste de esa madre? ¿Por qué tienes ese padre? ¿Por qué naciste hoy y no ayer? ¿Por qué en España y no en Italia? ¿Por qué has venido al mundo en este siglo y no miles de años antes de Cristo? ¿Por qué? Dime: ¿por qué?

Y dime, además, ¿qué sentido tiene tu vida si no sabes responder a la gran pregunta sobre tu origen? Respondo yo por ti: no tiene ningún sentido. Si no puedes decir de dónde vienes, tu vida no tiene sentido, ni significado, es una existencia oprimida por un destino misterioso y vacío, vacuo, inútil. Y, a fin de cuentas, agobiante e insoportable.

Puedes conquistar el mundo, puedes escalar las montañas más altas, sacar adelante los proyectos más difíciles, caminar por las calles de tu ciudad a la velocidad de un león, correr más rápido que tus adversarios, pero si no sabes quién te ha hecho, tu vida es un sinsentido, es inútil.

Escúchame. No te estoy hablando como sacerdote, ni siquiera como creyente de la Iglesia católica. Te estoy hablando como hombre. Y te pregunto: ¿sabes quién eres? ¿Sabes de dónde vienes? No dejes que a estas preguntas respondan solo los sacerdotes, los obispos, los cardenales. Responde tú. Dime quién eres tú. Dítelo a ti mismo, o al menos inténtalo. Esta respuesta no se la debes a nadie más, solamente a ti mismo.

Mira el Sol. Su distancia de la Tierra es perfecta. La justa distancia para calentar nuestro mundo sin quemarlo, la justa distancia para que el Sol nos dé la vida. ¿Cómo puede ser posible? ¿Quién ha querido el Sol? ¿Quién lo ha puesto allí y para qué?

Mira alrededor. Observa el mar, las montañas, las flores, las plantas, los árboles. ¿Las habrías podido crear tú mismo? ¿Habrías podido tan solo imaginarlas? ¿Eres tan ciego que no te das cuenta?

Quiero decírtelo rápidamente, para evitar malentendidos. Yo, como tú, creo en la evolución. Quien ha creado el mundo no ha creado nada definitivo, estático, quieto. Ha creado cada cosa en movimiento, en evolución precisamente. Pero, ¿quién ha originado esta evolución? ¿Quién ha tocado la primera nota de la partitura? O mejor, ¿quién es el primer eslabón de la evolución? ¿Quién está en el origen? ¿Verdaderamente crees que el origen es la nada? Contéstame con sinceridad, ¿puede la nada crear algo?

Mira dentro de ti mismo. Mírate profundamente. ¿No sientes que dentro de ti estalla la necesidad de eternidad? ¿No sientes que por tus entrañas, en tu corazón y en tu cerebro se expande la pregunta: y yo quién soy? La pregunta que se hizo Giacomo Leopardi en el *Canto nocturno de un pastor errante de Asia* («¿Qué haces tú, luna, en el cielo? Dime, ¿qué haces, silenciosa luna?». Y más adelante: «Si infortunio es la vida, ¿por qué, pues, dura tanto?») no es la pregunta de un loco visionario. Es la pregunta de un poeta sediento de infinito, pero es también tu pregunta, tu interrogante, el que, como ser humano, tienes en el corazón.

¿Tienes un cerebro, una mente, estás dotado de razón? Es tu razón, no la fantasía, sino precisamente la razón la que te dice que, más allá de lo que ves, más allá del mundo natural que puedes tocar y recorrer, hay algo más. No es una fábula. Es algo evidente. Si hay una creación, si la creación existe, entonces también existe el creador. ¿O no? ¿O pretendes negarle a tu propia razón esta evidencia? ¡Responde, ánimo, responde!

La primera pregunta que tu razón te hace es la siguiente: ¿de dónde vienes? Normalmente, cuando hago esta pregunta no encuentro a nadie que pueda responderme. Nadie sabe qué decir, todos eluden la pregunta. Nadie sabe de dónde viene, pero todos saben muy bien a dónde van. Es decir, hacia la muerte, el fin de todo. La muerte es una evidencia para todos, una certeza inquebrantable. Nacemos de una madre y de un padre, es verdad; pero nadie sabe explicar de dónde viene. Entretanto, nadie duda que moriremos, que después de la vida está la muerte. Tarde o temprano nos toca a todos. La muerte es la evidencia más grande de la vida de todo hombre. Es, será, llegará. Tarde o temprano llegará.

Así que entonces aparece la segunda pregunta: ¿a dónde vamos después de la muerte? Quien pueda responder a esta pregunta, se gana el premio gordo, pues quien sepa responderla, sabrá responder también la pregunta acerca de su origen. Si sabes a dónde vas después de la muerte, sabes también responder de dónde provienes. Quien, por el contrario, no sabe responder, entonces no le ha encontrado un sentido a su vivir.

¿A dónde vamos después de la muerte? Intentemos imaginar el día en que moriremos. En un momento dado, el corazón deja de latir. El aire ya no entra en nuestros pulmones, el oxígeno ya no llega al cerebro. En pocos instantes perdemos el conocimiento, hasta que nuestro cuerpo ya no se mueve más. Quieto, inmóvil, empieza a enfriarse y después, en poco tiempo, a descomponerse. Se convierte en nada, en polvo. ¿Y nosotros a dónde vamos? ¿Dónde estamos, en dónde acabamos? ¿Qué es de nosotros? ¿También nosotros acabamos en la nada? ¿También nosotros cesamos para siempre de existir?

Antes de responder, hay una tercera pregunta que nos ayuda a responder las otras dos (¿de dónde venimos? ¿hacia dónde vamos?), la tercera gran cuestión que nuestra razón pone inexorablemente ante nuestros ojos: ¿para qué sirve la vida? ¿Para qué sirve el resto de días que nos son concedidos desde que nacimos hasta que morimos?

Así pues, hay una vida, la nuestra, que precede a una muerte, la nuestra. Y nosotros, seres humanos como tantos otros, obligados a estar dentro de este lapso de tiempo más o menos breve. ¿Pero cómo estamos dentro? ¿Se puede dar un sentido a este tiempo? Para comprender cómo dar un sentido a este tiempo, es necesario comprender qué somos, cómo estamos hechos.

Aquí tampoco es necesario ser un genio para reconocer que no solo estamos hechos de cuerpo, sino también de alma. Tenemos un alma además del cuerpo, tenemos algo espiritual dentro de nosotros, algo que vive dentro del cuerpo, pero que al mismo tiempo no forma parte del cuerpo. Esta alma, esta entidad espiritual no es inmóvil, ni mucho menos. Cada uno de nosotros puede imaginar que está en Italia aunque su cuerpo esté en España. El alma imagina, piensa, vuela. Gracias a nuestras facultades espirituales –algunos las llaman mentales–, no solo podemos crear cosas que permanecen en el tiempo y que sobreviven a él. Pensemos en Dante Alighieri. Murió el 14 de septiembre de 1321, pero su vasta producción intelectual vive aún hoy. Todavía el íncipit de su *Divina comedia* –«En el camino de nuestra vida descubrí en medio de una selva oscura, que perdí la vía recta»– resiste al tiempo y quedará para la posteridad. La *Divina comedia* es un producto intelectual que resiste más allá del cuerpo de quien la ha creado. Sin duda, el hecho de que este tipo de producciones resistan al tiempo no demuestra que el alma existe. Pero hagámonos una última pregunta: ¿quién ha producido esta obra intelectual? ¿Nuestro cuerpo? ¿El cuerpo de Dante? No. Hay algo, un principio vital que está más allá de la corporeidad y del cual procede cada acción corpórea, un principio vital que evidentemente es capaz de accionar un sistema locomotor como el de la psique. El hombre, en esencia, puede realizar tres actividades que trascienden su cuerpo y la materia misma, y que manifiestan que evidentemente esta alma, este principio, existe. Estas actividades son el conocimiento intelectivo (que no hay que confundir con el simple conocimiento sensitivo), el autoconocimiento o conocimiento reflejo o reflexión, y el deseo de felicidad absoluta y, consecuentemente, de eternidad.

Estas actividades nos revelan un principio que va más allá de la corporeidad. Y en pocas palabras, precisamente para que el hombre pueda conocer, expresar juicios y desear la felicidad, existe un bien que le falta pero que al mismo tiempo le pertenece.

Sí, la felicidad. Por ella el hombre vive.

Y tú, ¿quieres vivir por menos de esto? Tú, hombre, quieres la eternidad. Tu alma la quiere, la desea. Entonces vivir significa realizar este deseo: alcanzar la eternidad.

Así pues, al responder la tercera pregunta (¿qué sentido tiene vivir?), al afirmar que vivir tiene sentido si la vida es vivida para alcanzar la eternidad, podemos responder también fácilmente a las otras dos preguntas: ¿de dónde venimos?, ¿a dónde vamos? Vamos hacia la eternidad, hacia una condición de eternidad y no podemos más que venir de algo que también es eterno, irreductible al tiempo y al espacio. A ese algo, los hombres lo llaman de distintas maneras. Yo lo llamo Dios.

La razón, nuestra razón, nos dice que existe un creador, nos dice que más allá de la muerte está lo otro y que nuestra alma ha sido hecha por eso otro, ha sido hecha por la eternidad. Pero, ¿cómo llegar a ella? ¿Cómo conocer a quien nos ha creado y después llegar hasta él?

Yo solo tengo un punto de partida: el Dios de los cristianos. Es el único Dios que se ha encarnado, o mejor, que ha querido decirle al hombre: «Heme aquí, estoy aquí, me he encarnado por ti. Yo soy Dios. ¿No me crees? Sígueme y verás». No conozco otro semejante. De Él, entonces, debo partir. Si estoy equivocado volveré atrás, probaré con otro. Sería tonto –diría, incluso, ridículo, al menos para nosotros occidentales– no partir de Él, no partir del único Dios que ha querido encarnarse por nosotros, hacerse presente para nosotros. ¿El Dios cristiano es la verdad o no? Si lo es, entonces es a Él a quien debo seguir. Si no lo es, es válido cualquier otro seguimiento.

¿Quién es este Dios? La tradición cristiana tiene las Sagradas Escrituras, tiene el texto revelado que habla de Dios. El prólogo del evangelio según san Juan contiene palabras precisas, también el himno que abre la Carta a los colosenses y la Carta a los efesios de san Pablo. Es un texto sagrado y, por tanto, un texto que, según los cristianos, viene directamente de Dios: «Todo ha sido creado por Él y para Él», lo cual significa que el Dios de san Juan y de san Pablo nos dice que todo ha sido creado por Él y para Él. Todo, incluso tú, que ahora estás leyendo estas líneas. Tú has sido pensado por Dios desde la eternidad. Y has sido creado por Él y para Él. Tú has sido creado por Dios por su Hijo Jesucristo y para Cristo.

¿De dónde venimos, entonces? ¿Hacia dónde vamos? Y ¿por quién vivimos? Venimos de Dios, vamos hacia Dios y hacia su Hijo Jesucristo. Si el Dios de los cristianos es verdaderamente Dios, entonces es necesario vivir con Él y, sobre todo, para Él. Nuestra vida tiene un sentido si es vivida para Él, porque es Él quien nos ha querido en el mundo con una finalidad precisa, es Él quien ha pensado en nosotros desde la eternidad.

¿Pero qué significa tender hacia Cristo, ir hacia Él? Lo diré rápidamente: significa ir al paraíso, al lugar donde Él habita, el lugar donde Él desea que cada uno de nosotros vaya.

Este mundo no es más que el preludio del otro mundo, el mundo donde habitaban nuestros padres antes de que pecaran, antes de que se rebelaran contra Dios.

En un tiempo fuera del tiempo, el hombre vivía con los ángeles en el paraíso. Y estaba destinado a vivir allí para siempre. Pero luego comió del árbol de la vida, es decir, desobedeció a Dios. Dios no le había pedido nada, sino que no se rebelara contra Él. Pero el hombre, que fue creado libre, desobedeció. A causa de este pecado –del cual no somos culpables, pero cuyas consecuencias sufrimos– hemos sido precipitados a la tierra, y se nos ha quitado el paraíso. Antes de la venida de Cristo, quien moría no accedía al Padre. Las puertas de los cielos estaban cerradas bajo llave. Quien moría iba al Seol, al reino de los muertos, un reino sin Dios. Y, en efecto, el máximo deseo del hombre era vivir largamente, hasta ver la tercera y cuarta generación. Ese era su paraíso. Finalmente, se le abrían las puertas del Seol.

Cristo, con su venida, ha abierto las puertas de los cielos, para permitir al hombre que vive de Dios acceder al paraíso. Quien no quiere a Dios, quien vive contra Dios, se precipita al infierno.

Sí, el infierno.

¿No lo sabías? Dios no lo ha creado.

Lo crearon los ángeles al rebelarse contra Dios. En efecto, es una condición de condenación eterna, el lugar que voluntariamente escogieron cuando desobedecieron al Creador. Los demonios, a diferencia de los hombres, no pueden ser redimidos. En pocas palabras, Satanás no podrá nunca volver atrás ni entrar algún día en el paraíso. Nunca. Él es Satanás por la eternidad, condenado por la eternidad. La opción contra Dios de los ángeles que se rebelaron contra Él no es una elección, como la de los hombres, condicionada por el pecado original y por muchos otros factores. Nuestra elección es transitoria, es decir, puede ser renegada hasta el último momento, mientras que la de ellos, que viven sin condicionamientos, es absoluta y, por tanto, definitiva.

Cuando nuestros primeros padres se rebelaron contra Dios, el hombre perdió su condición de inmortalidad y entró en el mundo corruptible. Nos hicimos mortales. Y fuimos destinados a ver nuestro cuerpo convertirse en polvo. Y no solo eso: el paraíso fue cerrado y ningún hombre pudo tener acceso a él nunca más. El alma, como se ha dicho, fue destinada simplemente al Seol.

Pero luego vino Cristo, el Hijo de Dios. Con su muerte y Resurrección nos ha salvado de las tres trágicas consecuencias del pecado original. En primer lugar nos ha vuelto a dar la inmortalidad: el alma, inmediatamente después de la muerte, no más que un instante después, tiene acceso al paraíso, o al purgatorio, o al infierno. La mortalidad ha sido una vez por todas redimida por Cristo, que nos ha dado nuevamente la inmortalidad. «¿Oh muerte, dónde está tu victoria?», pregunta san Pablo. Después de Cristo, la muerte no es más que un simple paso hacia la inmortalidad. ¿Y el cuerpo? Cristo ha redimido también el cuerpo. Perdido para siempre en el polvo de la nada, la resurrección de Cristo lo ha redimido definitivamente, tanto así que el día del fin del mundo, cuando nuestro mundo haya terminado, también será rescatado, también resucitará. Se nos volverá a entregar nuestro cuerpo en esencia. Moriremos con nuestro cuerpo corruptible, resurgiremos con nuestro cuerpo incorruptible.

¿Entonces qué es la vida? ¿Para qué vivirla? Si el creador es Dios, que ha mandado a su Hijo Jesucristo al mundo, entonces el único objetivo por el cual hemos de vivir es Cristo. Solo si se vive por Cristo se puede alcanzar el paraíso. El fin de la vida no es otro que conocer, amar y servir a Cristo, puerta de la felicidad en esta tierra, puerta de la eternidad después de la muerte.

Sí, somos libres. Podemos decir que no a esta posibilidad. Somos libres de no servir a Dios, de no seguir sus leyes, que son leyes de amor, no preceptos opresores. Él mismo nos quiere libres. Es como si nos dijera: «La felicidad solo existe en el venir en pos de mí. ¿No quieres hacerlo? Es tu decisión. Yo quiero solo personas libres».

A menudo vienen a mí personas atribuladas por muchos sufrimientos y suelo decirles: «Mira, si tu vida está aferrada a Cristo, será todo un éxito, incluso en la dificultad. Si, en cambio, te rebelas contra Él, será un fracaso total. No hay otra posibilidad».

No vale el éxito, no vale el dinero, no valen las satisfacciones humanas. Lo que cuenta es salvarse permaneciendo anclados a Cristo. La finalidad de la vida es entrar en la eternidad, pero el asunto dramático es que el cómo se entra en esta eternidad depende solo de nosotros.

Solo se nos da una vida, un lapso de tiempo muy breve en el fondo, un lapso de tiempo capaz de condicionar toda la eternidad.

¿Qué hay que hacer para seguir a Cristo? Ante todo, encontrarlo en los sacramentos: confiésate, recibe la Eucaristía. Él está ahí. Y, los que ya lo siguen, frecuentar la iglesia. Síguelo y verás. Síguelo y verás que lo que tal vez te han enseñado desde niño, lo que quizá tus padres han creído, lo que durante más de dos mil años millones de personas ya han reconocido como real, existe en verdad, y es Dios, es, precisamente, la verdad.

Cristo existe y es la verdad. Existe la vida después de la muerte. Y esta vida está constituida por el paraíso –su Reino–, por el purgatorio –un lugar de espera para expiar antes de la felicidad eterna lo que en vida todavía no se ha expiado, para purificarse– y por el infierno –la condenación eterna–. El mal existe y existen los que se dedican al mal. Existen hombres que viven para Satanás y también ángeles malos, los demonios, que viven para Satanás, su jefe. Pero tú sé inteligente, vive para Dios.

Mayo de 1981, El Vaticano

Angelo Battisti lo sabe muy bien. Hay que ser pacientes y fuertes en todas las circunstancias de la vida. Se lo enseñó hace muchos años su gran amigo y confidente, el padre Pío de Pietrelcina. Pero no solo él; también se lo enseñó bastante la otra persona que, sin duda, se ha hecho importante en su existencia: el cardenal Agostino Casaroli. Solo que este último, a diferencia del padre Pío, le transmitió esta sencilla verdad no tanto con largos coloquios –como los que solía tener en San Giovanni Rotondo con el fraile capuchino, su gran amigo– como con el silencio. Muchas, muchísimas palabras nunca pronunciadas.

¿Cuántas veces Battisti debió esperar fuera del estudio del cardenal secretario de Estado del Vaticano? ¿Cien? ¿Mil? No lo recuerda. Solo sabe que nunca antes como esta vez habría querido no estar allí, sentado entre esas cuatro paredes recubiertas de rojo, el techo altísimo, los divanes antiguos, el gran tapete blando como la espuma, y los cuadros, aquellos cuadros de cardenales y pontífices austeros y hieráticos, demasiado hieráticos.

Sobre la mesa, en el centro de la habitación, dos grandes libros. Un volumen con representaciones interesantes de los museos vaticanos y una colección de las primeras páginas más importantes del *Osservatore Romano* desde el comienzo de las publicaciones hasta hoy.

Angelo tiene prisa. Es su último día de trabajo. La jubilación, para él una terrible incógnita, está esperándolo. Durante años había intentado imaginar este día, consciente de que sería difícil de vivir. Y ahora que ya está en él, no tiene más que un deseo: que acabe rápido, que este maldito día llegue cuanto antes al final.

No quiere despedidas con sollozos ni esas celebraciones como tantas que ha visto: todos de pie en semicírculo en una habitación situada al fondo de las oficinas; sobre la mesa escuálidos pasteles comprados en una pastelería de Borgo Pío frecuentada solo por turistas; el homenajeado que alza su copa, obligado a decir las últimas palabras que quedan. Las pronuncia con incomodidad, a pesar de que todos saben que hay poco que decir. Solo habría que decir adiós, adiós a un trozo de vida que se va para siempre.

Angelo no quiere eso. Les ha pedido a sus colegas, laicos y consagrados, que respeten su «último» deseo: nada de brindis, nada de tartas, y ni hablar de los pasteles. Pero no ha podido decir que no a su eminencia.

—Mañana en mi estudio a las nueve en punto para un último adiós –le dijo por teléfono Casaroli con ese tono suyo que no admite rechazos.

—Allí estaré, eminencia –tuvo que responder Battisti–, con un largo suspiro a pleno pulmón mientras el auricular volvía a su puesto. Y después repetía mentalmente unas palabras, como terapia de autocontrol: «Un último esfuerzo. Yo puedo hacerlo. Paciencia y adelante».

Angelo siempre ha tenido una buena relación con Casaroli. En 1979, cuando Juan Pablo II llamó al monseñor de la región de la Emilia a su lado para que dirigiera el «ministerio» vaticano destinado a la gestión interna de la Santa Sede y, al mismo tiempo, las relaciones diplomáticas con los países del mundo, él estaba en servicio desde hacía varios años. De inmediato estableció con su superior de más alto rango una relación cordial, pero distante. Y aún hoy la mantiene.

Entre sus colegas, incluso laicos, algunos se atreven a tener una relación más confidencial con el purpurado y hasta llegan a llamarlo «monseñor Agostino». A veces, otros tienen el privilegio de tomarse un café con él y probablemente conversan sobre temas que van más allá del trabajo cotidiano. Angelo no. Entre él y el prestigioso cardenal hay todavía hoy algo tácito, un muro invisible pero al mismo tiempo real que los divide. Nadie sabe de la existencia de este muro, salvo ellos dos.

No es una cuestión de temperamento, tampoco una cuestión de un enfoque diferente del trabajo. El cardenal nunca lo ha perjudicado y él ha tenido el cuidado de no herir en ningún modo su sensibilidad. Es algo más, a lo cual, si alguna vez ambos encontraran el valor para hacerlo, le darían un nombre de dos palabras: padre Pío.

Angelo ha trabajado mucho tiempo en el Vaticano por la causa del fraile de Pietrelcina. Casaroli sabe cuánto estima el Papa al padre Pío. Y sabe también de la relación particular que une a Juan Pablo II y a Angelo. Por eso, entre Angelo y Casaroli, hay cierta distancia; pero si, por el contrario, maduraran una intimidad, por la fuerza de las circunstancias deberían llegar a hablar de él, del padre Pío. Pero Casaroli no quiere. Desde hace unos años se inició la causa de beatificación y canonización del fraile capuchino y, dado el cargo que desempeña, prefiere mantenerse alejado, para no verse eventualmente obligado a influenciar en la Congregación para las Causas de los Santos con su propio parecer.

Casaroli sabe bastante de Wojtyla, obviamente. Sabe que en 1962, cuando aún era obispo auxiliar en Cracovia y se encontraba en Roma para la apertura del concilio Vaticano II, le llegó una carta con una dolorosa noticia: la doctora Wanda Poltawska, mujer de su amigo Andrei, estaba enferma. Había sido ingresada en un hospital y los exámenes clínicos ponían en evidencia la presencia de un tumor.

Wanda era una de las principales colaboradoras de Wojtyla. Durante la guerra, después de la invasión de Polonia por parte de las tropas alemanas, fue arrestada y encerrada en los campos de concentración nazis, donde permaneció cinco años, entre martirios y males increíbles. Pero se salvó. En su patria retomó los estudios universitarios y su activismo en los grupos de la juventud católica. Fue en aquellos años cuando Wojtyla la conoció. Fue entonces cuando Wanda y su marido Andrei comenzaron a frecuentarlo, participando en sus misas, siguiéndolo. Wanda y su marido se habían graduado en medicina y especializado en psiquiatría. Con frecuencia discutían con Wojtyla temas de sus estudios, en particular los problemas psicológicos inherentes a las relaciones de pareja. Wojtyla dialogaba con ellos, enseñando y al mismo tiempo aprendiendo. En poco tiempo se hicieron buenos amigos. Los dos cónyuges llegaron a ser como sus hermanos. Una amistad cultivada a la luz del día, sin complejos o miedos de ningún tipo.

Una amistad profunda. Pero luego vino la terrible noticia de la enfermedad: Wanda, con solo cuarenta años, estaba mal. Wojtyla empezó a orar, pero el estado de su amiga no mejoró. Fue así como se acordó del padre Pío, a quien había conocido en la temprana posguerra. Había ido a buscarlo en 1947. Se había confesado con él y había quedado impresionado. Wojtyla tenía olfato para los santos. Le bastaba poco para reconocerlos. No precisó más que el tiempo que dura una confesión para comprender que aquel fraile era una persona extraordinaria. Creía en él, en su gran fe. Y así años después, cuando supo de la enfermedad de Wanda, en una hoja con el membrete de la curia metropolitana de Cracovia, le escribió en latín una carta. Era el 17 de noviembre de 1962:

> «Venerable padre, le pido que ore por una madre de cuatro jóvenes, que vive en Cracovia, en Polonia (durante la última guerra estuvo durante cinco años en los campos de concentración en Alemania) y ahora se encuentra en grave estado de salud, es decir, en peligro de muerte debido a un cáncer. Ore para que Dios, con la intercesión de la Santísima Virgen, le muestre su misericordia a ella y a su familia. Agradecido en Cristo, Karol Wojtyla».

La carta se la entregó a Angelo Battisti. En ese tiempo, Angelo, además de funcionario de la Secretaría de Estado del Vaticano, era también administrador de la Casa del Alivio del Sufrimiento de San Giovanni Rotondo, y también amigo íntimo del padre Pío. La carta se la entregó a Battisti un cardenal italiano, quien le dijo que se trataba de un asunto de máxima importancia. Battisti salió inmediatamente para Apulia. Entregó la carta al padre Pío, el cual, después de leerla, dijo: «Angelino, a esto no se puede decir que no». Battisti volvió sorprendido a Roma. «¿Quién es este obispo polaco?», se preguntó. El padre Pío, en efecto, no había tenido nunca una reacción así, tan firme, tan decidida. ¿Quién era ese obispo polaco? Pasaron once días, Angelo retomó el trabajo cotidiano y se olvidó de Wojtyla. Pero justamente el undécimo día llegó inesperadamente una nueva carta. Era el 28 de noviembre. Wojtyla le escribía nuevamente al padre Pío:

> «Venerable padre, la mujer que vive en Cracovia, en Polonia, madre de cuatro jóvenes mujeres, el día 21 de noviembre, antes de la operación quirúrgica, de repente ha sanado. Damos gracias a Dios. Y también a usted, venerable padre, le ofrezco mis más grandes agradecimientos en nombre de esta mujer, de su marido y de toda su familia. En Cristo, Karol Wojtyla, obispo capitular de Cracovia».

También esta vez la carta fue inmediatamente enviada a Angelo con el encargo de entregarla rápidamente en San Giovanni Rotondo. Battisti se la leyó al padre Pío mientras oraba en su celda. Después de la lectura le dijo: «Angelino, conserva estas cartas, porque un día se volverán importantes». Angelo no sabía exactamente a qué se refería el padre Pío; pero cuando, el 16 de octubre de 1978, este desconocido obispo polaco se convirtió en papa, lo comprendió todo.

Así que Casaroli lo sabe todo. Está al tanto de este intercambio de cartas entre Juan Pablo II y el padre Pío. Y sabe también que ha jugado el papel de cartero. Y es también por este motivo que mantiene con Angelo cierta distancia: por respeto, para no entrometerse en cosas delicadas y que, en el fondo, no le competen directamente. No todo le está permitido a un secretario de Estado del Vaticano, al número dos de la Santa Sede. Lo sabe bien Casaroli, y se contiene. «Si puedo ser discreto y reservado en lo pequeño –piensa–, puedo serlo también en lo grande, en las delicadas relaciones con los jefes de Estado. Nada más que la delicadeza y el saber esperar es lo que cuenta en las relaciones diplomáticas».

El sol revolotea sobre el tejado del palacio apostólico mientras Angelo espera su turno detrás de la puerta del cardenal. El funcionario de la Secretaría de Estado golpea sus rodillas con la punta de los dedos, un movimiento constante e irrefrenable. Tiene prisa por entrar, para atender este asunto del «último» adiós. Pero al mismo tiempo está inquieto: sabe que después de esta conversación nada será como antes. La vida, su vida, cambiará completamente. Ya no más trabajo, ya no más Vaticano. Habrá espacio solo para la jubilación y para horizontes nuevos y desconocidos.

Cada tanto el secretario particular del cardenal sale del estudio de su superior. Cierra la puerta detrás de sí y se dirige con paso rápido a una oficina u otra de la Secretaría de Estado. La larga sotana negra crepita en la moqueta roja mientras a su paso las voces de los funcionarios se convierten en cuchicheos.

El secretario lleva las peticiones que su eminencia hace a los diversos despachos. No siempre, en efecto, Casaroli tiene ganas de contestar el teléfono. A menudo prefiere escribir unas pocas líneas sobre unas pequeñas hojas rectangulares marcadas con sus iniciales, A.C. Piensa que esto le da mayor autoridad. Y considera que es una estrategia que no le hace perder el tiempo inútilmente. Cuando tiene una petición, la escribe y pone la hoja dentro de un cofrecito de cerámica. De tanto en tanto, su secretario recoge el contenido y lo entrega a quien corresponda. Así hace también ahora: cuatro pequeños pedazos de papel entregados a otros despachos de la tercera planta del palacio apostólico. Cuando regresa, Angelo está aún allí, esperando sentado. El sacerdote sonríe levemente antes de decirle: «Un minuto más».

Después de hora y media de larga espera, Angelo decide ponerse de pie. Quiere mirar por última vez, abajo, el patio de San Damasco y un poco más allá la Plaza de San Pedro. Mientras aparta con una mano las pesadas cortinas de una gran ventana, una voz le hace girarse de golpe.

—Señor Battisti, aquí estoy.

Casaroli viene a su encuentro, un gesto de extrema cortesía que –Angelo lo sabe– muy rara vez concede.

La reverencia es inesperada, seca, apenas para rozar el pesado anillo del purpurado.

—Pido excusas, eminencia, me levanté un instante...

—Muy bello panorama, ¿verdad? Venga, entremos, póngase cómodo.

Un despacho espartano. Pocos libros y muchos papeles de trabajo. A Angelo siempre le ha gustado la practicidad del secretario de Estado, un hombre capaz de dialogar con los jefes de Estado de medio mundo sin olvidar que es necesario ser práctico, eficiente incluso en las situaciones que exigen más etiqueta.

Angelo no habla. Sabe que debe dar la palabra a su eminencia. Es él quien le ha pedido un encuentro, no al contrario. Y Casaroli no tarda en hablar sin rodeos:

—Apreciado Angelo, desafortunadamente no tengo mucho tiempo. Es mi trabajo, usted lo sabe mejor que yo. Y hoy tampoco puedo hacer excepciones. En consecuencia, me debe excusar que sea breve. He querido verlo en privado antes de su despedida porque tengo que decirle algo muy importante y que quiero que tenga bien presente cuando abandone estos aposentos.

—Lo que sea, eminencia, para servirle... Dígame.

—Angelo, yo quiero darle las gracias. Y quisiera que al salir de aquí no olvidara que es por gratitud que el Vaticano lo jubila.

Un momento de silencio. Angelo no sabe qué decir, luego toma aliento:

—Eminencia, no me debe agradecimiento. Yo solo he intentado cumplir mi deber de la mejor manera posible. Nada más.

—No le doy las gracias solo por su trabajo, sino también por la discreción que ha mantenido conmigo durante estos años. Sé que sabe muchas cosas del padre Pío. Sé que ha sido un importante intermediario entre él y el Santo Padre. Y aprecio mucho que en estos años se haya guardado todas estas cosas para usted. Para nosotros, para mí, la discreción y el silencio valen mucho. Por eso le agradezco y le auguro mucho bienestar. Y todo lo que necesite, no dude en pedirlo. En el Vaticano, será siempre bienvenido.

Angelo se levanta, se inclina y besa una vez más el anillo de su eminencia. Este le extiende un sobre que, como después descubrirá, contiene dinero para él y su esposa, un pequeño regalo del secretario de Estado para los años que vienen. Está contento, aliviado por una conversación que fluyó rápidamente y sin obstáculos, pero al mismo tiempo tiene ganas de llorar.

«¿Entonces en verdad todo ha terminado? ¿Me toca, pues, jubilarme?», se pregunta.

En su estudio hay solo un pequeño escritorio de madera. Desde hace días lo tiene recogido. La mañana está terminando, pero por primera vez en su larga carrera decide hacer una excepción a la regla. No espera al final de la jornada, que ese día es para todos los funcionarios a las dos de la tarde, sino que, después de recoger las últimas cosas con prisa y furia, sale y se va sin despedirse.

Tiene prisa porque tiene miedo de llorar. Tiene prisa porque teme como la muerte las despedidas sentimentales. Pero al mismo tiempo siente que hay algo más. Hay algo más que lo empuja, ahora casi con frenesí, hacia la salida.

Baja por última vez las escaleras del palacio apostólico. Recorre el patio del Belvedere sin darse la vuelta. Lo sabe bien, le haría mal mirar hacia lo alto, hacia la tercera galería, la gran ventana del que ha sido su estudio, a pocos pasos del apartamento del Papa.

En el fondo del patio está apostado, como siempre, un piquete de la guardia. Intercambia el saludo militar de un gendarme y se mete por la larga bajada que conduce directamente a la puerta de Santa Ana, la salida hacia el mundo.

Ha pasado una vida entera al otro lado del Tíber, en el «ministerio» más activo y, según muchos, también más prestigioso, hasta tal punto que nada le es extraño, ni siquiera los tramos empedrados llenos de baches a lo largo de la bajada.

El palacio pontificio, a su derecha, acompaña su caminar sin decir nada. Más allá están los muros húmedos que dan al norte, luego el patio del Triángulo, cuyo nombre siempre le ha parecido simpático –patio del Triángulo, ¡qué nombre tan extraño!–, y ahora el torreón de Nicolás V, sede del Banco Vaticano. Todos ellos también observan mudos la escena, sin saber que es toda una vida la que Angelo –Angelino para los amigos– está dejando atrás. Cada paso es un recuerdo; cada piedra pisada, un mundo que desaparece de una vez y para siempre.

«¿Qué me deparará la vida ahora?», se pregunta, sin poder darse una respuesta. «¿Para los otros ha sido también así? ¿Acaso los que se han jubilado antes que yo han experimentado lo que yo estoy experimentando? Esa fuerte sensación que dice que la vida no ha terminado aún, que algo debe suceder. ¡Pero si todavía tengo muchas energías en el cuerpo como para morir!».

La visita a la iglesia de Santa Ana, situada cerca de la salida, es la última excusa para quedarse un minuto más dentro de las murallas leoninas. Cinco minutos más, solo un instante antes de la capitulación.

Un guardia suizo lo ve abrir la puerta de la iglesia. No sabe que es su último día de trabajo. Y aunque no ha visto nunca a Angelo entrar en la iglesia a esa hora –por la mañana temprano, sí, para la misa de las siete, antes del inicio de la jornada de trabajo–, no le importa mucho. Lo deja tranquilo y vuelve a vigilar a los turistas que ya se amontonan en las afueras del Vaticano para ver, para mirar hacia dentro, en la búsqueda de quién sabe quién o quién sabe qué.

Pasan solo cinco minutos.

Angelo sale de la iglesia.

Sale, pero no parece el mismo. Tiene la cara sombría, extenuada, como si una mala noticia hubiera llegado de repente a oscurecer un día de sol.

El guardia nota este cambio, tanto que se acerca a preguntarle si necesita algo.

Pero Angelo no le mira. Gira hacia la salida del Vaticano a paso rápido y desaparece más allá de la Puerta Angélica, dentro de Borgo Pío, el laberinto de callejones y barrancos en el corazón de Roma.

Angelo sale y no mira atrás.

Angelo sale y no se despide.

Angelo deja el Vaticano, como una presa huye asustada de las garras del depredador.

Las palabras de Casaroli que acaba de escuchar le rondan la mente, pero no lo calman. Al contrario, parecen desafiarlo.

«Me ha agradecido, es verdad y ¿entonces?».

¿Qué sucedió en esa iglesia? ¿Qué aconteció?

Angelo mismo no sabe decirlo. Simplemente ha sentido dentro de sí el instinto de escapar.

¡Escapa, corre, y no vuelvas nunca más!

Ciertas cosas no se pueden explicar. Ciertas cosas suceden y basta. Y uno se encuentra dentro de ellas sin conocer el motivo.

La diferencia aquí está en el hecho de que Angelo, en esta cosa, no se encuentra simplemente dentro. Más bien, es esta cosa la que está dentro de él. Está allí, sin duda alguna, dentro de él.

Muda, pero viva.

Silenciosa, pero activa.

Y la primera acción que le ordena cumplir es clara y decidida: «¡Escapa de aquí!».

Mayo de 1991, Roma

Cuando me llamó por primera vez diciéndome que quería llevarme a sus hijos «para un exorcismo», lo dudé.

«¿De verdad lo necesitan? Recibo a decenas de personas al día. ¿Para qué añadir una cita más si no es estrictamente necesario?», le pregunté.

Pero ella, Federica, una mujer de Campania, madre de Pascual y Fabricio, insistió tanto con Rosa, mi fiel asistente, que tuve que aceptar.

«Venga el jueves por la mañana, puntual a las nueve», le dije. Y ahora, dentro de algunos minutos, llegará aquí con sus dos hijos.

Son tantos los años que llevo desempeñando el ministerio de exorcista –exactamente desde 1986, cuando el cardenal Ugo Poletti, por ese entonces arzobispo vicario de Roma, me pidió que siguiera las huellas del gran padre pasionista Cándido Amantini, exorcista oficial de la diócesis de Roma que atendía en la Escalera Santa– que he aprendido a desconfiar, a no creer en todos los que afirman tener problemas causados por el demonio. Satanás existe, es cierto, y actúa perpetuamente. Tanto que es necesario ser astutos, listos, mantenerlo alejado con el ayuno y la oración. Pero, al mismo tiempo, no podemos dejarnos sugestionar. Es un profundo error pensar que toda desgracia proviene de él. Vivimos de un modo que se corrompe naturalmente. La vida es una lenta corrupción, hasta la muerte. Es imposible explicar la razón, el porqué de este estado de cosas, pero la realidad es que la caducidad forma parte de la vida natural de cada hombre, de modo que es preciso aceptarla, asumirla, vivirla y ofrecerla a la gloria de Dios por la salvación propia y de los otros.

Realmente me pareció que Federica no me necesitaba. Es verdad: para entender si una persona sufre de posesión diabólica, debo exorcizarla. De otro modo no lo capto. Es principalmente a partir del modo en que se reacciona a la oración del exorcismo –que en el fondo no es más que una bendición impartida con la precisa finalidad de descubrir si una presencia maléfica posee el cuerpo de la persona ante la cual se está o no, si algún demonio, para ser explícitos, opera y actúa dentro del cuerpo de una persona aun sin atacar el alma– que me atrevo a sopesar si en verdad se está dando una posesión. Por el contrario, el padre Cándido Amantini, el que me enseñó con exactitud todos los «trucos» del oficio, lograba saber si una persona estaba poseída solo con la imposición de las manos. Extendía las manos sobre la cabeza de las personas que le pedían una «consulta» y decía con certeza si había una posesión o no. Recibía decenas de personas cada día, todas en fila bajo la Escalera Santa, de frente a la Basílica de San Juan en Letrán. «Tú vuelves, tú no», les decía, con una seguridad increíble. Yo, en cambio, no tengo este don. No lo he tenido nunca y nunca lo tendré. A mí me toca siempre hacer un exorcismo para comprender.

Esta mañana me levanté a las seis, como siempre. Celebré la misa con mis hermanos de la Sociedad de San Pablo, y desayuné. Después me retiré a mi habitación para orar un poco. Siempre recito los salmos. De ellos obtengo fuerza, valentía y, sobre todo, refuerzo mi fe.

Los salmos, efectivamente, penetran en el alma como por ósmosis. La forman, la moldean, la renuevan. No hay alma, ni siquiera la más corrupta y vendida por el mal, que los salmos no logren cambiar. Cuanto más se los recita y se los repite, tanto más penetran los pensamientos, haciendo ver todo como lo ve Dios.

Los leo lentamente, un verso después del otro, y a menudo transcribo alguna palabra, algún pasaje que me conmueva especialmente. Después, durante el día, voy a releer lo que he anotado. Esto es un modo de permanecer siempre en comunión con el Señor, un modo de dejarme guiar, para que sea Él y no yo quien guíe mis días.

Nunca dejo de recitar los salmos. Sé bien, efectivamente, que un sacerdote nunca puede desatender la lectura. Si lo hace, comete pecado y debe confesarse. No sucede lo mismo con la celebración de la Eucaristía. Puede suceder que por graves motivos un sacerdote no pueda celebrar la misa. Pero nunca puede suceder que no recite los salmos. Así deberían hacer también los laicos. Leer siempre el breviario, el oficio de lectura, las laudes, la hora intermedia, las vísperas y las completas. En el fondo, no se requiere mucho. Basta esta oración para no temer, para permanecer anclados en Cristo, aferrados a él: ¿qué mejor modo de protegerse de las insidias de Satanás?

Después de la lectura de los salmos, hago un momento de silencio, oro a Dios en soledad. Le presento mis súplicas y las de quienes están a mi alrededor, le agradezco todo lo que me ha dado y al mismo tiempo le imploro que aumente mi fe. En efecto, la fe es un don que debe ser pedido: no viene nunca automáticamente ni como por arte de magia. Pero si se ora para tenerla, Dios la concede. Porque solo una cosa quiere dar Dios a los hombres: la fe en Él. Cuando le pido, pienso en su rostro, en el rostro de Cristo. Intento mirarlo con humildad a los ojos. La imagen de Él que casi siempre se me viene a la mente es la del Santo Sudario. Miro ese rostro bueno y profundo, y le presento mis pecados y mis oraciones. Sobre mi escritorio tengo una reproducción, al lado de un cuadro de la Virgen. Son signos que nos ayudan a pasar los días mejor. Cada casa debería tener imágenes sagradas a la vista, además, obviamente, de una cruz, aunque sea pequeña, en la entrada principal. La cruz en la puerta de entrada defiende de las asechanzas del mal, defiende del Maligno.

Solo después de la oración de la mañana encuentro, incluso a mi edad, la fuerza para afrontar tantas charlas y encuentros. Cierto, ya casi no recibo casos nuevos, pero los viejos son todavía muchos y me dan mucho que hacer. Lo he dicho muchas veces: para derrotar una posesión se requieren muchos años. No es un asunto de pocas sesiones. Desafortunadamente cuando el diablo –o los diablos, depende– entra, es duro hacerlo salir después. Se necesita decisión, la decisión de los que eligen a Cristo. ¿De verdad quieres liberarte? Elige a Jesús. Es Él quien libera. Es Él quien salva. En el fondo, es la elección que deben hacer todos los hombres, no solo los poseídos: optar por Cristo y vivir de Él, buscándolo, orándole, estando junto a Él siempre. Es una elección que implica una gran batalla espiritual, pues cuando se escoge a Cristo, el diablo se subleva y busca devolver el hombre a su reino, el reino de la nada y de la total desesperación, la oscuridad más tenebrosa, el sinsentido como sentido de todo. Pero es una batalla que se puede combatir. Es una batalla que todo hombre, sin excepción, debe tener. El ayuno y la oración son las mejores armas para combatir en esta batalla. Cristo nos ayuda si nos ve dispuestos a estar de su parte. Está con nosotros y vence junto a nosotros. En cambio, si titubeamos, si comenzamos a decir «pero», «quizá», «voy a ver», si comenzamos a dudar, aunque sea sutilmente, de su presencia, de su poder, Él no puede venir, no puede ayudarnos, porque, sin darnos cuenta, de modo imperceptible, es al diablo al que le damos la victoria y no a la fe en Jesús. «Si tuvieras fe como un grano de mostaza, habrías dicho a este sicómoro: "Arráncate y plántate en el mar", y te habría obedecido», dijo Jesús a los suyos. ¿Pero cuál de ellos vivía con esta fe? ¿Y cuál de nosotros tiene esta fe?

Federica llega puntual. Se presenta en la entrada de la casa romana donde resido y un hermano de mi comunidad la recibe con cortesía.

—Y bien, aquí estamos, soy Federica y ellos son mis dos hijos, Pascual y Fabricio. Tengo una cita con el padre Gabriele Amorth, ¿dónde puedo esperarlo? –pregunta.

Siempre hay cierta prisa en las personas que vienen a verme, casi un frenesí. Pero para enfrentar ciertas cosas, un exorcismo por ejemplo, se debe tener mucha paciencia. Dios actúa con calma, es Satanás el que hace todo con impaciencia, con prisa.

—Yo los acompaño, él los está esperando –dice el hermano.

—Gracias, por teléfono me pareció un poco cansado, no me gustaría molestarlo...

—Nada. Imagínese. A su edad no es fácil, pero verá que no habrá problemas. Saca siempre energías inesperadas. No sé de dónde las saca, pero las saca.

Federica sube con sus dos hijos hasta mi habitación, delante va el hermano, que les muestra el camino. En todo caso, las palabras que la mujer acaba de pronunciar han tocado un problema importante: mi cansancio. No es fácil, a mi edad, llevar una oración de exorcismo. Siempre pienso que no tengo las fuerzas necesarias. Pero después comienzo a recitar el ritual, en latín, y Cristo viene en mi auxilio, me sostiene y me permite llegar hasta el fondo.

La madre y los hijos entran. Los saludo y les pido que me expliquen una vez más de qué se trata.

Es Federica quien habla. Los hijos tienen veintidós y veinte años respectivamente. Dejan que ella exponga el problema. Han aceptado reunirse conmigo, pero no parecen especialmente contentos. Están molestos. Probablemente querrían estar en otra parte, no sé. Me parece que no le dan ninguna importancia a nuestro encuentro.

—Padre, he gastado mucho tiempo en convencerlos para que vinieran, pero al fin lo he logrado.

«¡Pobre mujer! –pienso–. De nada sirve esforzarse por los hijos si su voluntad está en otra parte. Pero es también cierto que la fe puede mover montañas. ¿Por qué la fe de esta madre no podría hacerlo?».

—Vea, padre, desde hace unos meses no están bien, ninguno de los dos. Si comen, rápidamente vomitan. A menudo tienen ataques de asma casi inexplicables y no encuentro otra solución que llevarlos a urgencias. Después, los ataques cesan, por sí solos, pero luego vuelven otra vez. El vómito es de origen inexplicable, tanto que ni siquiera los médicos saben qué hacer. Pero más allá de estos ataques que, aunque son inexplicables, podrían tener razones atribuibles a causas naturales, es otra actitud lo que me inquieta. Los dos han aceptado venir a verle solo después de mi insistencia y no le dan importancia a la situación, pero yo sí.

—Dígame, ¿qué no la convence?

—Lo sagrado.

—Disculpe, ¿en qué sentido? No entiendo...

—Siempre han participado en la misa, por lo menos el domingo. No soy una madre aprensiva. Nunca les he impuesto la fe. Al contrario, siempre he tratado de quedarme al margen de este asunto, para dejarlos libres, en fin... Pero no sé cómo explicarle... Es una actitud extraña la suya, que me ha alarmado mucho, un modo de actuar para mí absolutamente incomprensible.

—Ánimo, dígame.

—Desde hace un año asisten a misa conmigo, precisamente el domingo. ¿Asisten a misa? No exactamente. Apenas llegan a las escaleras de la iglesia, suben un peldaño, máximo dos, y después se detienen y no entran.

—Bien, señora, ¿sabe cuánta gente no va a misa el domingo? Yo no me alarmaría más de lo necesario. La Iglesia católica quiere hombres libres. Cada uno debe ser libre de escoger. No hay verdadera fe sin libertad.

—Sí, padre, tiene razón. Pero el asunto es otro.

—¿Cuál sería?

—Blasfeman. Primero quieren ir a misa conmigo, entre otras cosas, sin que yo se lo pida. Después, dan dos pasos, se detienen y ambos comienzan a blasfemar, con ferocidad, gritando.

—Tampoco en esto veo nada particularmente extraño. Mucha gente blasfema, y lo hace libremente, por decisión propia, a veces es como si fuera un juego. Tal vez quieren burlarse y burlarse de Dios, nada más, por juego.

—Sí, padre, pero ellos blasfeman juntos, como si recitaran un estribillo aprendido de memoria.

—¿Y usted qué hace? ¿Qué les dice?

—¿Yo? Nada. Me quedo callada. Me avergüenzo porque todos nos miran. Los dejo ahí y entro en la iglesia. Asisto a misa sola. Después salgo y ellos se han ido. Han desaparecido. Así vuelvo a casa y los encuentro en la sala, sentados en el sofá, viendo la televisión. Y les digo: «¿Por qué hacéis eso? ¿Por qué blasfemais? ¿Por qué, además, hacéis eso delante de todos? ¡Quedaos en casa! ¿Quién os obliga a ir? Nadie. ¿Y entonces por qué vais?». Pero ellos no me responden. ¿Y sabe por qué no me responden? Porque no recuerdan, eso es lo que me dicen, haber blasfemado. No se acuerdan de haber ido conmigo hasta la iglesia. No recuerdan haber subido esas escaleras. No se acuerdan de que su rostro se ha deformado de un momento a otro, como desfigurado. No recuerdan absolutamente nada. Y yo no sé qué decirles... Padre, en esto llevamos por lo menos un año... Intente hablarles, ayúdenos, se lo ruego.

—No sé qué decir. Sin duda, estos dos jóvenes pueden decirme qué piensan de toda esta historia... Habéis venido aquí con vuestra madre, ¿qué tenéis que decir? ¿Es verdad lo que ella ha dicho?

Silencio. Los dos me miran en silencio, pero después de un instante, se animan.

El mayor, Pascual, empieza a hablar:

—Padre, es verdad que nosotros no queríamos venir aquí porque sinceramente no entendemos qué sentido tiene esta conversación. No tenemos nada. Sí, es verdad que desde hace un tiempo no nos sentimos bien. A veces queremos vomitar y se nos va la respiración, pero no voy a hacer un drama. En cuanto a las blasfemias... No sé verdaderamente qué decir. Nuestra madre dice que sentimos una profunda aversión por lo sagrado y que el domingo fuera de la iglesia blasfemamos. Yo, sin embargo, le aseguro que ni mi hermano ni yo hemos blasfemado, y aunque así fuera, ¿cuál es el problema?

—¿Vosotros creéis en Dios? ¿Tenéis fe en Dios?

—Yo hablo por mí. Creo que Dios existe, pero el Dios en el que usted cree no me interesa. Ni me interesa la práctica religiosa: sus misas y sus plegarias me son indiferentes.

Dirijo una mirada interrogadora a su hermano menor, el cual, sin embargo, la única respuesta que me da es la siguiente: «Ídem».

—¿Pero antes ibais a la iglesia? ¿Fuisteis bautizados? ¿Hicisteis la primera comunión? ¿Y la confirmación?

—Todo lo hemos hecho. Imagínese que cuando era más pequeño hasta me confesaba... ¡Qué idiota!

Sobre la habitación se posa un cierto silencio. Los dos están evidentemente molestos con mis preguntas, mientras la madre tiene una mirada descorazonada.

Me dirijo a ella.

—Señora, me parece que aquí simplemente hay dos muchachos que no quieren tener nada que ver con Cristo ni con la fe en Él. Piensan que Cristo es una idiotez, una fábula, no reconocen su poder y ni siquiera su presencia. No veo otra cosa. Chicos, no os juzgo, ni tengo la intención de someteros a un interrogatorio. Sois mayores y tenéis cierta experiencia; pero, ante todo, sois libres. Estáis optando por el mal, pero es vuestra elección. Sin embargo, prestad atención, os quiero decir también una cosa que sé que probablemente no os interesa. No hay medias tintas en esta vida. O se está con Cristo o, aunque sea inconscientemente, se está con Satanás. O con Él o contra Él, en resumen. Vosotros no estáis con Cristo, por tanto, estáis tomando la vía del mal. Lo importante es que lo sepáis. No se trata de posesiones ni de cosas de este tipo. Las posesiones diabólicas son casos rarísimos y a veces incluso los santos pueden verse afectados. Así que no siempre se trata de la libre adhesión al demonio. En vuestro caso hay simplemente una libre adhesión al mal. Las puertas que esta adhesión puede abrir son inescrutables, y las consecuencias pueden ser terribles. Sabedlo.

Los dos me miran con una sonrisa burlona. Lo sé, no les ha gustado el sermón, pero tenía que hacerlo. No me puedo abstener de ello. Siempre se dice «hombre prevenido vale por dos». Así es. Puede incomodar, pero las cosas siempre se deben decir. Es mejor para todos.

Sonríen socarronamente, pero la madre no. Por el contrario, Federica está alterada, muy alterada. Lo sé, quiere decir lo que piensa, quiere hablar. Y la animo.

—Señora, dígame, sin escrúpulos.

—Padre, se lo ruego, hágales un exorcismo.

—Pero no es necesario. No veo el motivo. Y además no me gusta hacer las cosas contra la voluntad de las personas. Verdaderamente preferiría...

—Padre, se lo suplico. Y después ellos lo aceptarán. Hemos hablado mucho antes de venir a verle. Ambos han aceptado ser exorcizados. Para ellos es un juego como cualquier otro. ¿Por qué no les pregunta si aceptan? Pascual, Fabricio... por favor. Os pregunto únicamente esto... ¿Aceptáis?

Los dos siguen sonriendo taimadamente. Me miran como su yo fuera un pobre imbécil. Me desprecian, así lo percibo; pero al mismo tiempo, para no tener que escuchar más a su madre, no oponen resistencia.

—Adelante, padre, hágalo ahora... ¿Qué tenemos que hacer? ¿Tiene que atarnos a la silla? Mire que vimos la película *El exorcista*. Si no tiene cuidado, le vomitamos encima ese líquido verde...

Se ríen. Y los dejo hacerlo. A decir verdad, estoy un poco impaciente. Pero acepto hacer una breve oración de exorcismo, y después les pido que se vayan por donde han venido. Ya lo sé. Le diré a la madre que tenga fuerza y ore por sus dos hijos, pero al mismo tiempo le sugeriré que no esté tan encima de ellos. Cuanto más trate de convencer a los hijos de vivir en Cristo, tanto más lo evadirán. La verdad debe ser buscada y ser descubierta por uno mismo. Los hijos deben por sí mismos adherirse a la verdad. Cristo es la verdad y precisamente porque es así, solo Él puede atraer incluso a los hombres más alejados. Llegará el día en el que también estos dos muchachos se encontrarán de frente, de repente, con la verdad. Entonces harán su elección definitiva. Y esta elección podrá también ser contra Cristo. Es el drama de nuestra libertad, el drama de la libertad humana. Los padres deben aceptar este riesgo. Deben correrlo aferrándose a la oración. Es inútil tratar de convencer a los propios hijos. Insistir puede ser en verdad contraproducente.

Decido no responder a las provocaciones de los dos, sino que decido actuar. Me levanto, abro el armario y me pongo la larga estola morada. Esta es mi coraza. Dejo que el borde toque el suelo, como dos lenguas de fuego a los ojos del demonio. ¿Para qué sirve la estola? A menudo la envuelvo alrededor de los hombros del poseso. Es eficaz, sirve para encadenar a los demonios cuando, durante el exorcismo, ponen en trance a la persona que tienen poseída y esta babea, grita, adquiere una fuerza sobrehumana y ataca.

Luego tomo el agua bendita. Si Satanás tiene poseído a quien tengo delante, puede ser eficaz. En toda circunstancia la puedo rociar encima del poseso. Para Satanás son gotas que queman. Literalmente lo hacen arder como si en su espalda cayeran gotas de aceite hirviendo. Es un agua que él no puede soportar en lo más mínimo.

En la otra mano tengo un crucifijo con la medalla de san Benito incrustada. Es una medalla especial, muy temida por Satanás. No creo que exista una medalla más poderosa. También el padre Cándido llevaba siempre una consigo. ¡Cuántas veces ese crucifijo con esa medalla dentro lo protegió en sus durísimas batallas!

El único «instrumento del oficio» del que no tengo necesidad es el ritual. Ya me lo sé de memoria. Lo recito en latín, la lengua a mi modo de ver más eficaz contra los demonios. En el latín algo antiguo hay un sonido ancestral que los demonios temen y a duras penas pueden resistir.

Me giro hacia ellos y noto que tienen una mirada distinta. Ambos, de pronto, ya no tienen una actitud burlona con respecto a mí. No se hacen más los fanfarrones. Todo lo contrario. Me miran en silencio, mudos. Los ojos cerrados, como si tuvieran miedo. No les hago caso.

Detrás de ellos está también Federica silenciosa. Incluso ella parece haber entrado en otra dimensión. Creo que comprende que el momento es importante y quiere quitarse todo protagonismo para darme plena libertad de acción.

De pie, a un metro de distancia de los dos muchachos, comienzo a recitar la oración del exorcismo en latín.

«No te acuerdes, Señor, de nuestras culpas o de las de nuestros padres y no nos castigues por nuestros pecados. Padre nuestro, que estás en el cielo... Y no nos dejes caer en tentación, mas líbranos del mal».

Ninguna reacción. Me miran callados y no se mueven. Habitualmente, cuando hay posesión, bastan estas palabras para desencadenar el infierno. No se necesita mucho. Satanás no resiste lo sagrado, ni siquiera un milímetro de lo sagrado, Y, en cambio, aquí nada. Creo que tengo razón. No están poseídos.

Pero ya que estamos en el juego, continúo. Tomo el agua bendita y la asperjo sobre ambos. Pascual no reacciona. Solo se pone un poco más rígido. Fabricio, en cambio, gira la cabeza de golpe hacia atrás, como si no quisiera dejarse bañar por el agua. Pero después se compone y vuelve a mirarme.

Recito el Salmo 55.

«¡Sálvame, oh Dios, por tu nombre, hazme justicia con tu poder; escucha, oh Dios, mi oración, presta oído a las palabras de mi boca! Contra mí han surgido arrogantes, rabiosos acechan mi vida, sin tener presente a Dios».

Y prosigo: «Pero Dios viene en mi auxilio, el Señor me sostiene. ¡Recaiga el mal sobre los que me acechan, destrúyelos, por tu fidelidad! Te ofreceré de corazón un sacrificio, Señor, alabaré tu nombre por tu bondad, porque de toda angustia me has librado y mi vista ha desafiado a mis enemigos. Gloria al Padre... Salva a tu siervo que está aquí presente, Dios mío, porque espera en ti. Sé para él, Señor, torre de fortaleza. De frente al enemigo. Nada puede el enemigo contra él. Y el hijo de la iniquidad no le puede hacer daño. Envía, Señor, tu ayuda del lugar santo. Y desde Sión mándales la defensa. Señor, acoge mi oración. Y mi grito te alcance. El Señor esté con vosotros. Y con tu Espíritu».

Mientras recito estas palabras cierro los ojos. Me concentro. Me sirve para entrar en comunión con Cristo. Es Él quien debe actuar usando mis palabras, mis gestos, mi persona. Y yo debo dejarlo obrar.

¿Cuántas veces durante un exorcismo, cuando las fuerzas son menos, cuando no se tienen más energías después de horas y horas de feroz combate –una batalla no solo física, sino también y sobre todo espiritual–, cuántas veces, decía, ha sido útil, por no decir fundamental, cerrar los ojos e invocar con fuerza la venida de Cristo? Si es invocado con plena confianza, con fe, Él viene, no se retira. Viene y actúa, siempre. Pero no es necesario estar dentro de un exorcismo para darse cuenta de ello. Esto se puede experimentar en la vida cotidiana. Intentad enfrentar un momento cualquiera de vuestra jornada invocando la venida de Cristo. Decídselo. Pedidle que venga. Veréis grandes cosas. «Caminaréis sobre áspides y víboras –dice el Señor–, aplastaréis leones y dragones». ¿No lo creéis? Lo haréis, si lo invocan con fe. Todo cambia, en un abrir y cerrar de ojos. Él puede cambiarlo todo. Él siempre actúa. Puede que nos demos cuenta de esto después de un tiempo, pero actúa. Probar para creer. ¿Cómo le pido que venga? No tengo una jaculatoria con la cual invocarlo, con la cual pedirle que venga. Simplemente repito: «Jesús, Jesús, Jesús».

Pero cerrar los ojos no siempre es una elección acertada durante un exorcismo. Porque se corre el riesgo de no darse cuenta de lo que está sucediendo delante de uno.

Abro los ojos y veo a los dos hermanos sentados en su lugar. La madre, detrás de ellos, los mira con terror y aprehensión.

Tienen la cabeza hacia atrás, los ojos también vueltos hacia atrás. Y de sus bocas no sale más que un bajo y largo, larguísimo lamento.

«Mmm...».

Corro inmediatamente al *Praecipio tibi* –«Yo te ordeno»–, la oración que permite sellar un exorcismo y liberar momentáneamente a los posesos. No quiero, en efecto, ir más allá. Ya he visto suficiente. Serán ellos dos, si quieren, los que han de volver a mí. Sí, porque a pesar de lo que había pensado, hubo una reacción. Y semejante reacción, a mi modo de ver, puede significar solo una cosa: posesión. Aunque a veces puede no ser así. En todo caso, siempre es oportuno remitir a estas personas inicialmente a un médico, para tener otra opinión, pues puede darse el caso de que sufran de esquizofrenia o de otros trastornos, y siempre es mejor evaluar adecuadamente el asunto.

Las palabras del *Praecipio tibi* resuenan en la pequeña habitación con toda su potencia.

«Escucha bien y tiembla, Satanás, enemigo de la fe, adversario de los hombres, causa de la muerte, ladrón de la vida, adversario de la justicia, raíz de todos los males, fuente de los vicios, seductor de los hombres, engañador de los pueblos, incitador de la envidia, origen de la avaricia, causa de la discordia, suscitador del sufrimiento».

Le ordeno a Satanás que se repliegue, que ceda, bajo la autoridad de Cristo. En esencia llego brevemente al final. Los bendigo a todos y vuelvo a colocar los «instrumentos» en el armario.

Los dos muchachos se recuperan y alzan nuevamente la cabeza. Otra vez están sentados, inmóviles. Y, como antes, me miran y hacen silencio. Callados, casi que no saben qué diablos están haciendo aquí, a un paso de mí, sentados en esas dos sillas con la cabeza pesada, los pensamientos confusos, la vista un poco nublada.

Alguien, una presencia misteriosa, ha dado señales de vida dentro de ellos. Y ellos han percibido esta presencia quizá por primera vez.

Satanás, el enemigo de Dios

Cristo ha venido para remediar la obra de Satanás. Satanás existe antes que Él. De hecho, las primeras criaturas en las que Dios pensó son los ángeles. Él creó a los ángeles antes de todas las demás criaturas. Son numerosísimos y conformes a la omnipotencia divina.

Un día mi maestro, el padre Cándido Amantini, le preguntó al demonio durante un exorcismo: «¿Cuántos sois?». Respondió: «Si fuéramos visibles oscureceríamos el sol». Esto significa que los demonios, en las regiones celestes, son verdaderamente muchísimos. En total, creo yo, son casi un tercio de los ángeles del cielo.

Que quede bien claro: todas estas criaturas han sido creadas por Cristo y para Cristo. Todos los ángeles fueron creados buenos (precisamente por Cristo y para Cristo), para que pudieran gozar en Cristo de la visión de Dios. Únicos dueños de sí mismos, como tantas personas hoy día.

Pero Dios creó también todas sus criaturas libres. Porque Él quiso y quiere ser amado y obedecido libremente. Es por ello que los ángeles, aunque acababan de ser creados, no gozaban todavía de la infinita felicidad de Dios, sino que fueron sometidos a una prueba. Como eran libres, se envanecieron. Pero no todos, solo algunos. ¿Quiénes? Satanás, el ángel más bello, y sus secuaces. Se envanecieron y desobedecieron a Dios, no quisieron obedecerle más. Y dijeron: «No serviremos. Dios, nosotros no te serviremos». Y quisieron afirmar su total independencia de Dios. En esencia, dejaron de reconocerlo como su creador y quisieron ser ellos mismos Dios, quisieron ser como Dios. Cada uno de ellos dijo: «Yo soy Dios de mí mismo. Me obedezco solamente a mí mismo».

Prestad atención: la desobediencia y la negación de Dios son acciones subsiguientes la una de la otra. Son una constante, un *leitmotiv* de nuestra época, de nuestras sociedades, están presentes en nuestra cultura dominante, son parte integral de ella. Siempre se pasa rápidamente de la desobediencia con respecto a la ley de Dios a la negación de Dios. Es un paso casi natural.

Pero contra Satanás y sus secuaces se alza Miguel con todos los demás ángeles que han permanecido fieles a Dios. No por casualidad el nombre mismo de Miguel significa: «¿Quién como Dios?», pues él se opone directamente a aquellos que se quieren poner en el lugar de Dios. Cuando se levanta Miguel, en el cielo sucede una gran guerra. Como lo describe el libro del Apocalipsis, Satanás y sus ángeles, que ya se han convertido en demonios, son derrotados. Satanás es derrotado con todo su séquito. Y de pronto todos se encuentran alejados de Dios. ¿Dónde exactamente?

Ya lo he dicho, pero vale la pena repetirlo otra vez. Un día, el padre Cándido Amantini estaba liberando a una persona poseída. Con ironía, le dice al demonio: «Entra en la casa que Dios te ha preparado. ¿Lo sabes? Es una casa muy cálida, te encontrarás bien, con seguridad no sufrirás de frío».

Pero en ese momento el demonio lo interrumpe y le dice: «¡Tú no sabes nada!». El padre Cándido lo sabe bien y también yo lo sé. Cuando el demonio dice esta frase –«¡Tú no sabes nada!»– significa que el Señor le ha ordenado decir una verdad.

El padre Cándido se detiene y deja que sea el diablo el que hable:

—No ha sido Él.

—No ha sido él, ¿quién?, ¿el que ha hecho qué cosa?

—¡Tú no sabes nada! No ha sido Dios el que ha creado el infierno. Hemos sido nosotros; Él no lo había ni siquiera pensado.

Esta es la verdad. Los demonios, al rechazar a Dios, dieron origen al infierno. El infierno es el lugar que se han creado por sí mismos una vez que han desobedecido a Dios. El infierno es el lugar en el que se encuentran en cuanto que están alejados de Dios.

El *Compendio del Catecismo de la Iglesia católica,* en el número 74, reza una frase muy concisa: «Rechazaron a Dios y a su reino, dando así origen al infierno». Ellos, los demonios, han dado origen al infierno.

Dios es amor. Satanás es odio, un odio implacable que lo mueve a querer destruir los planes de Dios.

Es después de este tremendo pecado de orgullo cuando Dios creó al hombre. Lo puso en un jardín magnífico eximiéndolo de la fatiga y de la muerte. Pero lo sometió también a una pequeña prueba de obediencia, como reconocimiento de su ser criatura de Dios. Y le advirtió: «Si me desobedeces, morirás».

Es aquí que entra en escena Satanás, el enemigo de Dios.

—¿Por qué no desobedeces? –le pregunta a Eva.

—Porque nos ha dicho que si desobedecemos, moriremos.

—No es verdad, os ha mentido. Es más, seréis semejantes a Dios porque conoceréis el bien y el mal.

¡He aquí desvelada la táctica de Satanás! Él la pone en práctica con dos afirmaciones. En primer lugar, dice que no es verdad que sea pecado desobedecer. Es una invención de Dios, según dice. Es el mismo mecanismo por el cual se dice hoy que el pecado lo han inventado los sacerdotes: no es verdad, dice quien no cree en Dios, que el hombre y la mujer unidos en matrimonio no puedan separarse. ¡Es una invención de los sacerdotes! Y, efectivamente, marido y mujer se separan, abriendo así las puertas del infierno... ¡un infierno que se inicia ya en esta vida, desafortunadamente!

Así, se comprende que la segunda acción de Satanás para llevar al hombre hacia el mal es hacerle parecer el mal como un bien. Dios dice: «No matarás». Pero el hombre que no cree responde diciendo que, por el contrario, sí se puede matar. Y, de hecho, ¡cuántos homicidios se cometen, hoy sobre todo a través del aborto! Satanás hace aparecer el mal como un bien. Le dice al hombre: «Si desobedeces, serás como Dios: no es pecado desobedecer, es una experiencia más, aprenderás algo que no conoces». El libre arbitrio, hacer todo lo que te plazca y te guste olvidándote de Dios, es un progreso de la civilización, dice Satanás. Es una ganancia. No tienes que estar sometido a nadie. Eres tú, hombre, el Dios de ti mismo.

Una vez le dije a Satanás durante un exorcismo: «¡Eres monótono! Usas siempre el mismo método. Les dices a todos que deben desobedecer porque no es un pecado sino un beneficio».

Me respondió: «¡Tienes razón! Soy monótono. ¡Pero es un método que funciona bien!».

Respecto al pecado de nuestros padres, el evangelio de san Juan dice que la muerte entró en el mundo por culpa del demonio. Pero no es el fin de todo. Dios dejó una abertura mientras expulsaba del paraíso terrenal a nuestros primeros padres: «Vendrá una mujer, enemiga de Satanás, cuyo hijo le aplastará la cabeza». Es el denominado protoevangelio, es decir, el preanuncio de María y de Jesús contenido en el libro del Génesis.

Pero el diablo no se da por vencido. Dios crea a los hombres para que vayan todos al paraíso, mientras que el diablo se esfuerza por llevarlos a todos al infierno. ¿Dónde actúa? ¿Dónde está?

Una muchacha me cuenta las palabras de su párroco: «Aléjate del padre Gabriele Amorth, pues él ve el diablo en todas partes».

Le respondo: «Di a tu párroco que el padre Amorth le dará una considerable suma de dinero si puede indicarle un lugar de la tierra en el cual el diablo no esté».

San Pablo afirma al escribir a los efesios: «Nuestra lucha no es contra la carne y la sangre, sino contra los principados, contra las potestades, contra los dominadores de este mundo tenebroso, contra los espíritus del mal que están en las regiones celestes». Es decir, contra criaturas que se envuelven.

Dice la Virgen en Medjugorje, el pueblito de Bosnia-Herzegovina donde desde 1981 ella se ha aparecido a algunos videntes: «Cuando yo voy a un lugar, conmigo siempre está Jesús. Pero inmediatamente después llega también Satanás». He encontrado a Satanás en Loreto, en Fátima, en Lourdes, en todo lugar en el que yo he estado. Puedo decir que en esencia lo tengo en casa.

¿Cuáles son las actividades de Satanás? ¿Cuáles son sus poderes?

Son dos. Tiene un poder ordinario y conocido, que es el de tentar al hombre al mal. Y un poder extraordinario, que es el de causar «males maléficos»[1], hasta la posesión. El poder ordinario –la tentación, precisamente– concierne a todos los hombres desde el nacimiento hasta la muerte. Incluso tentó a Jesucristo. No por casualidad, el papa Pablo VI, el 29 de junio de 1972, define a Satanás con palabras durísimas: «Ser oscuro y perturbador, enemigo oculto, pérfido y astuto encantador». Y añade: «Se sale del marco de la enseñanza bíblica y eclesiástica aquel que se niega a reconocer como existente esta terrible realidad».

Y, sin embargo, ¡cuántos sacerdotes, obispos y fieles no creen en su existencia real! Yo les digo que lean por lo menos el Evangelio. O les aconsejo un libro apasionante: *La mia possessione. Come mi sono liberato da ventisette legioni di demoni (Mi posesión. Cómo me liberé de veintisiete legiones de demonios)*, de Francesco Vaiasuso con Paolo Rodari. Y los reto a no creer en la existencia del demonio.

Jesús llama repetidamente a Satanás «príncipe de este mundo». San Pablo lo llama «Dios de este mundo». San Juan afirma que «todo el mundo yace bajo el poder del Maligno». Y también Pablo VI, en el discurso citado anteriormente, afirma: «Nacer significa estar en brazos del demonio».

---

[1] En su libro *¡Vade retro Satanás!* (San Pablo, Bogotá 2013), el padre Amorth aclara: «Por "males maléficos" entendemos los males graves, los trastornos que no son atribuibles a una naturaleza psicofísica, sino que son imputables a una obra dirigida por el Maligno. Aunque son más bien raros, como ya se dijo, estos fenómenos van en aumento en nuestros días» (N. del E.).

Estamos en los brazos del demonio, es verdad, pero el bautismo nos rescata de esta servidumbre y nos hace hijos libres de Dios. Somos hijos de Dios, pero tenemos bien claro que el demonio es nuestro enemigo número uno.

San Pedro, al querer describirle a Cornelio, el primer pagano convertido al cristianismo, la obra de Jesús, dice simplemente: «Ha venido para sanar a todos los que estaban bajo el poder del demonio».

Al demonio el mayor gozo le es dado por los que no creen en su existencia. ¡A los que no creen en él, los tiene en el bolsillo, es decir, de su lado! Es una paradoja; pero es así. Cuanto menos creas tanto más eres suyo. Inconscientemente eres suyo.

Satanás tiene también un poder extraordinario sobre el hombre. Con este poder él puede causar «males maléficos», que culminan en la posesión. Estos males están dirigidos a un número muy limitado de personas. Pero hoy este número va en aumento porque, dado que cada vez falta más la confianza en Dios, la gente se entrega al ocultismo, al satanismo, a hacer maleficios o consagraciones a Satanás. ¿Cuáles y cuántos son los maleficios? Son muchos y de varios tipos. Son los males hechos con la ayuda del demonio: brujería, misas negras, magia negra, hechizos, ligaduras, maldiciones, mal de ojo, macumba, vudú... todos estos son maleficios que se logran recurriendo a magos, hechiceros, médiums, tarotistas, a personas que, de algún modo y en alguna medida, están ligadas a Satanás.

Es por esto que la demanda de exorcistas va en aumento, que ha llegado a ser realmente enorme con respecto a la poca cantidad de exorcistas en actividad. No dudo en decir que la culpa es de los obispos, que en este campo gozan del absoluto monopolio de los nombramientos y a pesar de ello, a menudo ni siquiera saben qué es un exorcismo. Quisiera que los obispos hicieran por lo menos una vez en la vida lo que Jesús hizo continuamente durante su existencia: los exorcismos, justamente. Él ordenó: «Expulsad los demonios». Cuando los obispos se comprometan, se resolverá el gravísimo problema de todas aquellas personas que buscan un exorcista pero no lo encuentran.

Angelo Battisti no habla. En casa pasa horas de silencio y nada más. Su mujer, Dora, piensa que es una actitud normal. Después de tantos años de trabajo, de tantas horas trascurridas en las oficinas del Vaticano, no es fácil para nadie entrar en el inescrutable mundo de la jubilación, días en los que uno se levanta por la mañana y piensa: «Y ahora, ¿qué hago?».

De repente, la vida parece más breve. Ya se ha hecho lo importante, ya se ha vivido. Se acerca el fin. Difícil de aceptar, pero es así. Todo está en el espíritu con el cual se decide acercarse a este fin: ¿un nuevo protagonismo o simplemente resignación?

Muchas veces Dora, antes de que llegara el último día de trabajo del marido, le había dicho:

—Angelo, es importante que una vez que te jubiles mantengas el mismo estilo de vida de siempre. No cambies tus horarios, tus hábitos. Por la mañana levántate temprano, ve a misa, después vuelve a casa y haz como si tu trabajo fuera entre estas paredes, tal vez puedes hacer diversas actividades, incluso un voluntariado... Hay mucho que hacer en casa, también en la parroquia, hay tantas personas para ayudar... Mantén los ritmos de siempre y verás que la jubilación no te será una carga. La vida es bella y todavía tenemos mucho por vivir ante nosotros.

Cuántas veces Angelo respondió a su mujer:

—Cierto, querida, no te preocupes...

¡Palabras sinceras, obvias para él!

Pero, ¿ahora? ¿Ahora ha cambiado algo? ¿Por qué de repente, tan pronto llegó a la fatídica jubilación, nada es como debería haber sido?

Angelo está encerrado en sí mismo, desde la mañana hasta la tarde. Mudo, casi inmóvil, se diría que su alma se ha vuelto de hielo. O de mármol, depende del punto de vista: una estatua de mármol fúnebre.

La tarde del último día de trabajo llegó sombrío a casa. Su

mujer le había preparado una cena espléndida que él ingirió con prisa e ira. Después, sin mediar palabra y sin explicar nada, se levantó de la mesa y se fue directo a la cama. Pero no se durmió inmediatamente. Es más, no durmió nada. Se quedó allí toda la noche bajo las mantas con los ojos fijos en el techo. Esa tiniebla que pocas horas antes lo había embestido en la pequeña parroquia de Santa Ana lo envolvía una vez más y le martilleaba en las sienes: «¿No lo sabes? Ahora eres mío».

Dora no dijo nada. Lo ha dejado dormir mientras pensaba: «Mañana por la mañana se despertará, me pedirá disculpas, y todo volverá a la normalidad».

Por el contrario, a la mañana siguiente hay otra vez silencio. Angelo se levanta y no saluda a su mujer. Ella intenta dirigirle la palabra: «¿Has dormido bien?». Pero él es una momia. No responde. Mudo, callado: es inútil provocarlo, intentar motivarlo.

Dora sale de casa, va a hacer compras. Vuelve y, cuando regresa, siente solo un gran silencio a su alrededor. Un silencio extraño, no el habitual silencio con el cual ha estado obligada a convivir durante los años en los que, sola en casa, esperaba a que su marido volviera del trabajo en el Vaticano. No, este es un silencio distinto, porque es producido por una persona presente en casa. ¿Quién? Angelo. Es él, con su inmovilidad, quien está haciendo este silencio.

La mujer abre la puerta de la casa, pone las bolsas de las compras en la cocina; después empieza a inspeccionar las habitaciones del apartamento. Y un presentimiento acompaña cada gesto suyo, un presentimiento que se vuelve real cuando finalmente decide entrar en su habitación.

Él está ahí.

Está ahí en la misma posición en la que lo había dejado. Sentado en el borde de la cama, en pijama, con los pies descalzos sobre el suelo. Y la mirada perdida en el vacío, ante sí. Está allí y no dice nada, no hace nada. Simplemente está quieto en un mutismo que transpira a muerte, angustia, desesperación. En una palabra, una tiniebla, una tiniebla profunda, como un vacío sin fin.

—Angelo, ¿qué haces?

Silencio.

—¿No te has vestido aún?

Silencio.

—¿No te sientes bien? ¿Te hago un café? ¿Quieres un poco de agua?

Silencio, silencio y más silencio.

Dora no sabe cómo comportarse. Está bien estar triste por haber alcanzado la jubilación, un nuevo período de inactividad que se abre de par en par ante sí, un período, como otros, que para mucha gente es un sueño perseguido durante años... ¡Pero esto es demasiado! Sin embargo, inteligentemente decide no darle importancia al asunto. Piensa: «Ya se le pasará. Solo tiene que acostumbrarse a la nueva vida».

Y deja pasar primero unas horas, luego días, algunas semanas y finalmente dos, tres meses.

Un largo tiempo de tinieblas.

Donde antes había una pareja alegre y llena de esperanzas ahora solo hay tinieblas, y un muro invisible separándolos, lacerando desde dentro una relación que en otro tiempo era feliz.

Tres meses exactos después del inicio de la jubilación de Angelo, Dora decide que las cosas no pueden seguir así y opta por buscar ayuda. En efecto, incluso una persona dotada de extraordinarias energías físicas y espirituales no puede escalar sola ciertas montañas. Dora tiene dentro de sí estas energías, pero la montaña que tiene por delante es realmente muy empinada. Así que levanta el auricular del teléfono y marca un número de confianza.

—Doctor, soy Dora, la mujer de Angelo Battisti. Creo que es necesario que venga a visitar a mi marido.

—Buenas señora, ¿qué sucede?

—Es difícil de explicar. Mi marido no habla.

—¿No habla? ¿En qué sentido? ¿Lo ve extraño?

—Extraño, sí. Muy extraño.

—¿Hace cuánto tiempo que no habla?

—Hace tres meses.

—¿Cómo?

—Tres meses, sí. Hace tres meses que está en silencio. Exactamente desde el día en el que se jubiló.

—Tal vez sí es oportuno que vaya pronto –responde el doctor y cuelga el teléfono.

Guillermo Fabrizi, médico de cabecera con amplia experiencia, conoce a los esposos Battisti desde hace tiempo. Hace años que es el médico de confianza de los dos. Conoce a Dora, pero sobre todo conoce bien a Angelo, un hombre fuerte y lleno de energías. Un hombre que nunca ha tenido problemas físicos particulares y tampoco psíquicos... un hombre dotado también de una gran fe en Dios, una persona para la que la palabra esperanza siempre ha sido una realidad a la que aferrarse. Para Angelo el futuro siempre ha estado impregnado de la esperanza de que todo es de Dios. ¿Por qué, entonces, de un momento a otro ya no espera más, ya no vive con esta certeza en el alma?

«¿Qué está sucediendo?», se pregunta el médico para sus adentros mientras se dirige en bicicleta a la casa de Angelo. Pero no sabe qué respuesta darse.

La casa está ahí, en el mismo lugar, en la cima de la colina de Janículo. Todo está como debe estar. Los muros del edificio, el portón, las escaleras. También la puerta de la familia Battisti está como siempre ha estado: la misma madera envejecida, la aldaba de hierro dorado un poco gastada.

Desde fuera se oyen ruidos de vajillas y platos al ser lavados, de cubiertos que son colocados en los compartimentos de los cajones de los aparadores. Alguien está preparando la cena. Ruidos familiares que tranquilizan a Fabrizi.

Incluso el sonido de la campana de entrada es el de siempre. El doctor suspira aliviado y piensa: «Dora quizá ha exagerado. Desde luego Angelo no tiene nada grave».

Con todo, cuando la mujer abre la puerta de casa, el doctor se sorprende. Ante sí no tiene a aquella señora de modales delicados que conoce hace tiempo. Es ella, sí, siempre gentil y cortés, pero es también otra. Desmejorada, consumida, Dora parece envejecida por los años.

«No –piensa–, aquí hay algo que no anda bien».

—¡Doctor! Al fin. Gracias por haber venido. Yo... yo no sé qué más hacer. De lo contrario no lo habría llamado. Usted sabe bien que trato de incomodarlo lo menos posible. Es que ya no sé qué hacer...

—Querida señora, no se debe disculpar. Ha hecho bien en llamarme. Pero, dígame, ¿dónde está Angelo? ¿Está en casa?

—Sí. Está en la sala. Lo acompaño.

Pocos pasos a lo largo de un breve pasillo. Un giro de noventa grados antes de atravesar una amplia entrada, y está el salón. Un sofá que da la espalda a la entrada. Más allá del sofá, un televisor encendido. Y, sentado sobre el sofá, como postrado, un hombre. Es Angelo.

—Le he encendido el televisor –dice Dora al médico como para disculparse–. No sé siquiera si lo está viendo.

Fabrizi avanza titubeante. Observa a Angelo, que le da la espalda. Está sorprendido de que no esté de pie para recibirlo afablemente como siempre lo ha hecho.

—Querido Angelo, ¿cómo estás? –pregunta alzando el tono de la voz.

Pero Angelo no se gira. Ni responde al saludo.

Fabrizi avanza, pasa el sofá y después, mirando a Angelo, sonríe:

—Está durmiendo...

Pero Dora lo corrige:

—No duerme. Está siempre ahí así, con los ojos cerrados. Pero está despierto. Oye todo, pero no reacciona. Cada tanto se digna decirme «sí», o «no», cuando mis preguntas son muy insistentes y quiere librarse de mi presencia. Pero nada más. Al comienzo pensaba que era debido al hecho de que no estaba habituado a la jubilación. Pero ahora, después de tres meses, no sé qué pensar. Quizá está deprimido. Y yo me he equivocado. Creo que he debido llamarlo antes...

—No se preocupe, Dora, para todo hay un remedio –dice Fabrizi sentándose al lado de Angelo mientras intenta despertarlo tocándole suavemente un brazo.

—¿Angelo, me oyes? Soy Guillermo. ¿Me escuchas, amigo

mío? Pasaba por aquí y quería saber cómo estabas. Dime, ¿cómo estás?

Pero el ex funcionario de la Secretaría de Estado del Vaticano no reacciona. Inmóvil, se queda quieto, como dormido. Dora se sienta en la poltrona, apaga el televisor, y viendo la inmovilidad de su marido, deja que una lágrima ruede por su rostro ya cansado.

—¡Angelo! ¡Angelo!

No hay respuesta.

Fabrizi se dirige a Dora:

—¿Nunca llora? ¿Lo ve de repente explotar en llanto sin motivo?

—No, nunca.

—¿Acaso se levanta de la poltrona solo? ¿Sale de casa y tal vez se pierde? ¿Suele no reconocerla? ¿Sucede que pregunta dónde se encuentra? ¿Que quizá no se acuerde de quién es?

—No. Solamente está siempre en silencio en casa. No se pierde, no dice cosas extrañas, no llora y no habla. Repito, a veces responde con monosílabos; pero nada más.

Fabrizi no sabe qué pensar. Le toma la tensión, pero todo parece estar normal. Incluso el corazón late bien. Aparentemente todo está en regla. Y dice:

—Por ahora, haremos unos exámenes. Debemos considerar bien todas las posibilidades.

—Pero dígame, ¿qué tiene? ¿Está deprimido? ¿Se ha vuelto loco? –pregunta Dora anhelando respuestas.

—No sé qué decir, así con los pies en la tierra. Quisiera que lo vieran expertos antes de decir algo. Ciertamente está un poco delgado... ¿Come?

—Muy poco. Con frecuencia me toca incluso darle de comer. Parece que se ha vuelto niño. Ve, parece un lactante...

Fabrizi se queda unos instantes en silencio. Está pensativo y preocupado; pero no quiere dejarle ver su preocupación a Dora, de modo que sonríe suavemente. Ha atendido a mucha gente en su vida. Ha visto pacientes deprimidos o que han enloquecido de repente. Ha aprendido que la mente humana es un gran misterio en el cual hay que entrar con pies de plomo. Y también con mucha humildad. Lo vivió en carne propia cuando, años antes, se convenció de que un paciente que manifestaba confusión, irritabilidad y agresividad, cambios repentinos de humor, dificultad de lenguaje, pérdida de memoria y finalmente disfunciones sensoriales progresivas, tenía Alzheimer. Comenzó a tratarlo con memantina, la cual, en su opinión, produciría en el paciente una reducción parcial del deterioro cognitivo. Nunca se dio cuenta de que el paciente, en realidad, estaba simulando. Había estudiado a la perfección los síntomas del Alzheimer y los simulaba para esconder un mal más oscuro y profundo: una depresión agudísima. Un año después, el paciente se suicidó y dejó un pequeño mensaje en el cual revelaba la verdad y pedía perdón. Fabrizi tuvo que reconocer su error, una equivocación por la cual aún hoy no encuentra del todo paz.

Ahora el doctor no quiere equivocarse más. Y es por esto que no quiere decir nada con respecto a Angelo. El cambio de personalidad que este hombre ha tenido en tan poco tiempo lo desconcierta y lo inquieta. Pero decide ir con cautela. Y le dice a Dora simplemente:

—A veces puede suceder que se tenga un agotamiento nervioso que lleva a vivir algunas semanas de oscuridad total. Angelo quizá está un poco deprimido a causa del repentino cambio de vida. Hagámosle todos los exámenes del caso, hagámoslo examinar por expertos y mientras tanto tratemos de no dejarlo solo. Necesita mucha atención y cuidado. Trataré de pasar a verlo todos los días, si puedo.

—Gracias, doctor...

—Solo cumplo con mi deber, querida señora. Entre tanto, concierte estas citas... Creo que es pertinente que Angelo se haga ver por expertos.

Dora se despide del médico, toma las recetas y vuelve a esperar. No es ingenua. Sabe bien que incluso Fabrizi ha comprendido poco de lo que le está pasando a su marido. Pero, finalmente, ha tenido el coraje de pedir ayuda y esta simple acción le da, después de tres meses de puro infierno, un poco de serenidad.

Ahora espera el día de los exámenes médicos amparándose en el consuelo de siempre: la oración.

Y aquí está Dora, que en silencio, mientras el marido mudo como un cadáver pasa largas noches de insomnio, ora desgranando el rosario. Ora aferrada a los salmos, las súplicas a Dios que según la tradición fueron escritas por el valiente guerrero, músico, poeta y rey David. Lee las palabras de David y las hace suyas. Lee y se dirige a Dios, encontrando día tras día una nueva fuerza, nuevas energías, el soporte de la fe de la que nunca se ha apartado.

Pero no están solo los salmos. Está también el padre Pío. Dora dirige sus súplicas al fraile de Pietrelcina, viejo amigo del corazón de su marido, desaparecido ya desde hace muchos años. Ora y le pide que intervenga, que resuelva esta confusa y dramática situación. Una noche le parece incluso que sueña con él. Una presencia amiga que le sonríe y le dice que todo va bien. Pero por la mañana no recuerda bien las palabras que el fraile le ha dicho. Y se reserva esta experiencia nocturna.

Los médicos no logran explicar el caso. Los exámenes no arrojan mayores resultados. Desde el punto de vista neurológico, Angelo no tiene nada. El físico está bien. Los valores de la sangre están normales. Y tampoco las valoraciones de los médicos especializados en el campo psiquiátrico llevan a nada. Hay que seguir indagando. No obstante, por el momento una primera muestra de exámenes ha enunciado una verdad inicial: el físico de Angelo está bien. ¿Y su mente? También. Aunque voluntariamente obliga al paciente a un obstinado e inexplicable mutismo.

Pasan los días y Dora se acostumbra a ese estado de cosas. Se acostumbra también porque, en medio del infierno, llega un pequeño consuelo. De vez en cuando Angelo habla, dice alguna palabra, a veces incluso se disculpa con su mujer por todo lo que le está haciendo pasar.

—Sé qué momento estás pasando –le dice por sorpresa un día–. Me molesta, pero no puedo hacer nada.

Dora intenta no dejar escapar la oportunidad y dice rápidamente:

—Angelo, no tienes que disculparte; más bien, dime, ¿qué tienes?, ¿qué sientes?

Pero es muy tarde. De repente Angelo ha vuelto a encerrarse en su mundo, alejado a años luz de la realidad que lo rodea, parece vagar solo por planetas desconocidos para todos, excepto para él.

Dora ora, está cerca de su marido. Hace que lo vean varios médicos, los cuales, sin embargo, manifiestan su impotencia: «Tal vez necesite unas largas vacaciones», le dicen dándole a entender que desde su punto de vista hay poco por hacer.

Pronto Dora se encuentra sola. En el barrio, incluso los conocidos empiezan a evitarla. No tiene parientes. El doctor Fabrizi es la única persona que está siempre disponible, siempre cerca. Finalmente están los sacerdotes de la parroquia. Ellos tampoco la abandonan, pero además de decirle que ore, no saben qué otra cosa sugerirle. Y Dora experimenta lo que significa quedarse solo ante el dolor. La enfermedad de su marido, una enfermedad que –y esta es su mayor cruz– no sabe cómo nombrarla.

—Angelo mío, dime: ¿cómo te sientes? ¿Es posible que, así de repente, tú hayas decidido dejarme? Dejarme, sí, has entendido bien. Tú me estás dejando... ¿Qué más podría decir frente a tu silencio?

Pero Angelo no responde y no reacciona, salvo en casos excepcionales en los que, como destellos de luz en medio de la tempestad, da señales de vida. Y Dora sigue entregándose completamente a la oración, a las letanías, a las súplicas, a los llantos inconsolables. Visita con mayor frecuencia la pequeña parroquia de la Puerta de Santa Ana, al lado de la entrada del Vaticano. Le pide a Dios una luz, una ayuda. Pero aparentemente también aquí sus plegarias son correspondidas del mismo modo: silencio, un largo y obstinado silencio.

Pero después sucede algo. Después de meses de lucha interior, de tinieblas dentro de ella y en la que hasta hace poco tiempo era su pequeña familia, inesperadamente una luz llega para aclarar la noche. Es una intuición de un ángel. Un ángel de carne y hueso.

Un religioso que frecuenta desde hace tiempo la parroquia de la Puerta de Santa Ana ahora tiene que trabajar más días a la semana en el Vaticano y por casualidad una tarde se encuentra con Dora.

—Hija mía, ¿cómo estás? Hace tanto tiempo que no nos vemos. ¿Dónde has estado? ¿Cómo está Angelo?

—Padre, no me haga hablar...

—¿Cómo? ¿Por qué motivo? Dime, te lo pido.

—Angelo se ha ido.

—Dios mío. ¿Está muerto?

—A veces creo que sería mejor que estuviera muerto...

—Perdóname, pero no te comprendo. ¿Qué quieres decir?

—Digo que tal vez si estuviera muerto, yo sufriría, pero no de este modo. No se ha muerto. Vive, pero vegeta. Desde hace meses, desde que se jubiló, no habla. No se mueve de casa. ¡Ni siquiera viene a la iglesia! Él, que era tan creyente. Él, que oraba mañana y tarde, que iba todos los días a misa, que era uno de los amigos predilectos del padre Pío, estimado por obispos y cardenales... él, precisamente él, no puede siquiera escuchar el nombre de Dios. Si le digo que vayamos a la iglesia, se encierra aún más como un erizo. No sé qué le pasa, pero debería verlo... mi Angelo se ha ido.

—Dora... no sabía nada de todo esto. ¿Pero sabes qué te digo? Quiero verlo, acompáñame donde él. Y, mientras tanto, dime: ¿qué dicen los médicos?

—¡No saben qué decir! Solo afirman que no se trata de depresión, sino tal vez «simplemente de un largo y prolongado estrés que no le permite al paciente relacionarse normalmente». Pero la verdad es que ni siquiera ellos saben qué decir. Nadie sabe decir nada en absoluto...

Dora y el religioso caminan, una fría tarde de noviembre, desde Puerta de Santa Ana hasta la casa de los Battisti. Ventea, hace frío y las palabras se agotan. Dora no sabe qué más decir, todo le parece tan absurdo. Entre tanto, el religioso siente curiosidad y está realmente preocupado. Piensa: «¿Qué será lo que tiene Angelo Battisti? ¡En mi opinión, una de las personas más ponderadas, serias y llenas de fe de todo el Vaticano! ¿Qué podrá tener alguien como él?».

De golpe, el viento se pone a soplar más fuerte. Ráfagas violentas parecen querer detener la caminata de los dos. Parecen querer decirles: «¿A dónde vais? Olvidadlo. No hay nada que hacer. Es imposible recuperar a Angelo». El religioso está seguro: si el viento pudiera hablar, estas serían las palabras que les diría.

—Ánimo, Dora. Ya estamos llegando.

La mujer se apoya en el brazo del religioso y con esfuerzo abre el portón al borde de la calle. Unos pocos pasos y, finalmente, están dentro, resguardados y lejos de la intemperie.

Angelo, como siempre, no está en casa. Está solo su cuerpo, pesado ya y entumecido por la casi inexistente actividad motora. Pero con la mente no está, no está allí. El religioso se da cuenta de inmediato: Angelo se encuentra en alma y en espíritu totalmente en otra parte. ¿Dónde? El religioso ve ante sí dos ojos que ya ha visto. Una mirada perdida en el vacío que le recuerda algo. ¿A quién? ¿Qué? No se arriesga a poner las manos en el fuego, pero intuye que la solución del enigma está allí, a un paso, en los ojos de Angelo.

—Señor Angelo, buenas tardes. ¿Me reconoce? Trabajaba también en el Vaticano... De vez en cuando nos encontrábamos. A menudo también en la misa de la parroquia de la Puerta de Santa Ana, ¿se acuerda de mí?

Angelo no responde, ni siquiera da señales de vida. De pie en el gran salón, mira hacia la calle fijando durante horas la vista en un único punto del asfalto.

El religioso insiste. Quiere una respuesta.

—Señor Angelo, su mujer me dice que nunca habla, ¿por qué? ¿Qué sucede? No es tan malo jubilarse... Si pudiera haber sido yo, pero el Señor sabe que no me lo permitirán nunca. Nadie piensa en esto, pero un religioso permanece activo hasta el fin de sus días... ¿Ha oído hablar de un religioso que a cierta edad se quite el hábito y se encierre en su convento a ver la televisión? Yo nunca –dice, mientras intenta esbozar una pequeña risilla.

Pero Angelo no habla. Y mucho menos se ríe. El religioso no se da por vencido:

—Señor Angelo, ánimo, hágalo por mí... ¡Dígame por lo menos si se acuerda de mi nombre! No puedo creer que se haya olvidado de mí.

Angelo se gira. Lo que no han podido los médicos lo logra la obstinada petulancia del religioso. Levanta la cabeza y sus ojos comienzan a fijarse en los de aquel que está ante él. Son dos ojos de fuego, los de Angelo, pero al mismo tiempo de odio. Y el religioso, en un instante, comprende dónde ha visto ya ojos así.

—Yo no sé quién eres –dice Angelo en voz alta, lenta, iracunda.

Y después vuelve a darse la vuelta.

El religioso sale del salón y hace señas a Dora para que lo siga. Se hace acompañar hasta la puerta de la casa y allí, casi huyendo de aquel lugar de dolor, le da un consejo que, por suerte, Dora decide no ignorar.

—Dora, Dios quiera que esté equivocado. Pero a mi modo de ver, debe llamar inmediatamente al padre Cándido Amantini y pedir su ayuda.

—¿A quién?

—Al padre Amantini. El exorcista de la diócesis de Roma.

Los dos conocimientos

Hemos dicho ya muchas cosas. Algunas son evidentes, otras no. ¿Cómo hacemos para tener la seguridad de nuestras afirmaciones, la convicción de todo cuanto hemos ido exponiendo gradualmente?

En este punto creo que es necesario que nos detengamos un momento y establezcamos una premisa. El hombre tiene dos fuentes de conocimiento. Una natural, que está basada en la observación de las cosas sensibles, y otra sobrenatural, que está fundada en el hecho de que Dios ha hablado, de que Dios se ha revelado.

El conocimiento natural, dirigido hacia el mundo sensible, es muy limitado. El hombre se da cuenta por sí mismo, cuando mira los descubrimientos que ha hecho a lo largo de los siglos; descubrimientos importantes, sí, nadie lo niega, pero limitados; descubrimientos que abren la búsqueda a sucesivos descubrimientos, cada vez más grandes e importantes que los precedentes, pero siempre se trata de resultados parciales. Detrás de cada descubrimiento, efectivamente, se esconde siempre otro: la búsqueda es infinita.

Que los descubrimientos son limitados es una evidencia que el hombre comprende por sí mismo. Él se da perfectamente cuenta, por ejemplo, de que más allá de los conocimientos naturales existen muchas otras realidades, que están más allá del mundo natural, en suma. Existen realidades que no caen bajo el inmediato uso de los sentidos. Es Dios, entre otras cosas, el que ha hablado y ha revelado tantas verdades que no caen bajo los sentidos, pero que, no obstante, la razón reconoce que debe aprobar, aceptar. Por esto, nunca hay contradicción entre lo que nos dice la razón y lo que dice la revelación divina. Ambas, razón y revelación, vienen de Dios y juntas armonizan perfectamente.

El conocimiento natural está basado en el hecho de que estamos dotados de inteligencia y tenemos cinco sentidos. Conocemos todo lo que se toca y se ve, y gracias a la inteligencia que Dios nos ha dado, usamos todo cuanto Dios ha creado para progresar, para mejorarnos, para superarnos. Y, de este modo, el hombre ha pasado progresivamente de la edad de piedra a la civilización actual. Ha habido un progreso continuo en el arte, en la ciencia, en la cultura, en todos los campos. Es verdad, el hombre no crea nada, nunca ha creado nada por sí mismo. Solo ha *descubierto,* pero es un dato de hecho que el progreso es fruto de sus investigaciones, de su inteligencia, de su intuición. Tomemos el caso de un médico que pone juntos ciertos ingredientes que él no ha creado. Crea una medicina y este medicamento puede curar a enfermos que hasta ese momento habían sido considerados incurables. ¿Se puede decir que él ha creado esta nueva medicina? No, no se puede decir eso. Él, como mucho, ha descubierto un nuevo tratamiento poniendo juntos ingredientes que no ha creado por sí mismo. Seguro, ha usado la inteligencia que Dios le ha dado para formar algo nuevo y portentoso, pero no ha podido usar esta facultad suya para crear algo de la nada.

En suma, la ciencia progresa con sus propios descubrimientos, pero no puede crear absolutamente nada por sí sola. El conocimiento natural hace progresar al hombre en todos los campos, pero deja tras de sí enormes vacíos. Por ejemplo, no explica de dónde venimos (nuestro origen), hacia dónde vamos (nuestro fin, qué hay después de la muerte), para qué sirve la vida (el sentido de la existencia), cuál es su significado más profundo y verdadero.

El hombre, en breve, si es sincero consigo mismo, debe reconocer que hay muchas realidades que a duras penas puede comprender, aprehender. Hay fuerzas que no puede controlar. Y así, dado que no puede conocer ni controlarlo todo, decide dirigirse a Dios o decide entregarse al espiritismo, a la magia, al satanismo. Es verdad, hay también quien decide no hacer nada. Pero quien no se decide por Dios, aunque no opte explícitamente por los caminos del espiritismo, está inconscientemente con Satanás. Porque para estar con Dios es necesario elegirlo conscientemente. Y quien no está con Él, está contra Él, voluntaria o involuntariamente. Dios es la verdad. Todo lo que no está por Él y con Él no es verdad, sino mentira.

El hombre de hoy, deslumbrado con los avances de la ciencia, tiene la ilusión de que es el amo del mundo y de que puede crear una sociedad sin Dios. Pero basta un terremoto –solo para dar un ejemplo– para que tome dramáticamente conciencia de sus límites.

Además del conocimiento natural existe también el conocimiento sobrenatural. Está basado en el hecho de que Dios ha hablado y revelado muchas verdades necesarias para la vida humana. Dios ha hablado por medio de los profetas y, finalmente, a través de Jesucristo.

Es desde esta revelación suya como sabemos con certeza que tenemos únicamente esta vida para vivir sobre la tierra. La reencarnación, tan afirmada por las religiones orientales, es una falsedad. La revelación de Dios en Cristo, efectivamente, nos dice que inmediatamente después de nuestra muerte el alma se separa del cuerpo y va al paraíso o al infierno o al purgatorio. El cuerpo, por su parte, se descompone en espera del fin de este mundo, cuando tendrá lugar la resurrección de la carne.

Sabemos también que el paraíso y el infierno son eternos y que iremos donde lo merezcamos por haber vivido esta vida terrena, una vida verdaderamente breve respecto a la eternidad que nos espera. Con frecuencia, todos vivimos con grandes afanes, como si todo debiera jugarse en los años de esta vida. Pero nunca pensamos en la nada que son estos años con respecto a lo que nos espera después: la eternidad.

Es por este motivo que es importante vivir conforme a la ley de Dios. Es una verdad fundamental que no conoceríamos si por revelación divina no supiéramos qué nos espera después de nuestra muerte.

Sabemos de la existencia de los ángeles y de los demonios. No los vemos, es verdad. Son espíritus invisibles. Obran sin que nos demos cuenta. Pero llevan a cabo una acción muy eficaz. Los ángeles nos protegen de los peligros del alma y del cuerpo. Cada uno de nosotros tiene un ángel custodio que lo asiste durante toda la vida: solo en el cielo comprenderemos cuánto ha hecho él por nosotros, ya sea con sugerencias para hacernos vivir según Dios, o con intervenciones que nos han protegido de eventuales males. El movimiento de los ángeles, en suma, es maravilloso y, en parte, misterioso. Sin embargo, tiene una gran influencia sobre nuestra vida.

Los demonios también obran escondidamente, sin que nos demos cuenta. Por odio contra Dios, tientan al hombre al mal. Como sugiere san Pedro, los demonios nos circundan buscando nuestro punto débil, como un león rugiente que va en busca de la presa (cf 1Pe 5,9). Y así identifican por dónde atacar. Generalmente, nos empujan hacia una de las tres grandes pasiones: el éxito, el dinero y el placer. No conocen nuestros pensamientos, pero los deducen de nuestro comportamiento exterior. No conocen el futuro, pero a menudo lo adivinan por nuestras tendencias. Son astutos, es verdad; pero no tienen el don de la omnividencia, que pertenece solo a la sabiduría de Dios.

Estas son, pues, las dos grandes formas de conocimiento de nuestra vida, las naturales y las sobrenaturales. Ambas están en continuo desarrollo. El progreso de los conocimientos humanos está a los ojos de todos, pero también los conocimientos sobrenaturales son cada vez más profundizados. Basta pensar en lo que dijo Jesús a los apóstoles, cuando les dijo que hay muchas otras cosas que Él no les había dicho porque no eran capaces de comprenderlas y que esto lo haría el Espíritu Santo, revelándolo a su debido tiempo.

Lo diré de una vez: aquellos que con ínfulas de superhombres reconocen solo lo que ha sido demostrado por el conocimiento científico, me causan compasión. Lo sé, no es bueno decirlo, pero es así. Me causan compasión porque niegan el principio de todo, es decir, Dios.

Sin embargo, a la existencia de Dios el hombre llegó de inmediato, incluso el hombre primitivo llegó a ella porque basta abrir los ojos y ver la creación para estar obligados a reconocer la existencia del creador. No es necesario ser un genio para saber: si existo es porque alguien me ha hecho, alguien me ha querido. Además, los que niegan a Dios como principio de todo, no saben responder a lo más profundo de las necesidades de su propio espíritu, el cual tiene naturalmente sed de inmortalidad y de infinito. En esencia, se reducen, como afirma el Salmo 31, al nivel del caballo y de la mula privados de inteligencia. Cuando se enfrentan a problemas humanos que solo tienen una explicación en Dios, se encuentran confundidos. Por ejemplo, ante el problema de un gran dolor físico o moral.

Aquí entonces se abre un nuevo capítulo al cual acabo de referirme: la diferencia entre los que creen en lo sobrenatural y los que no creen. Todos los pueblos desde la más remota antigüedad han tenido siempre una religión, han creído siempre en algo que está más allá de lo natural, de lo sensible. Obviamente eran religiones conformes a su cultura, pero eran creencias que superaban el conocimiento natural y se dirigían al mundo invisible. Hoy, en cambio, que se crea en algo que trascienda lo finito no es algo tan obvio. El ateísmo, por ejemplo, se ha difundido en el mundo. Gracias a la Ilustración y al Racionalismo, el ateísmo nació como consecuencia de la deificación de la ciencia y como reacción a problemáticas sociales y políticas. Pero el ateísmo no conlleva la paz y la serenidad interior. El ateísmo no resuelve nada. El drama de una vida vivida sin saber si hay algo después es siempre un drama. No es casualidad, en mi opinión, que hoy los medicamentos más difundidos sean los psicofármacos; los males más tratados son el estrés, el agotamiento nervioso y todas las formas del trastorno depresivo. No es casualidad que, desafortunadamente, una característica de nuestros denominados «Estados del bienestar» sea el suicidio, que casi no existe entre los pueblos más pobres.

Recuerdo el éxito que en su tiempo tuvo el libro de Ediciones Paulinas titulado *Cristoterapia*. Es todo un tema para desarrollar, pero no es este el lugar. Aquí me limito a afirmar que el hombre no se sostiene solamente con el conocimiento natural, pues este no está en capacidad de decirnos ni qué estamos haciendo en este mundo ni qué nos espera después de la muerte.

Días después llamo a Federica sola, la madre de Pascual y Fabricio. Quiero comprender qué les está sucediendo a sus hijos, quiero saber cómo viven, a quién frecuentan, cómo pasan los días, el tiempo libre sobre todo.

Pero antes de que yo comience a hablar, es ella quien toma la palabra, muy preocupada.

—Padre, dígame entonces: ¿qué sucede?

Veo que está asustada. La posesión diabólica de sus hijos parece ser una sospecha que tiene hace tiempo. Es como si fuera consciente de que se trata de eso, pero al mismo tiempo tiene miedo, está asustada: de hecho, lo ha ignorado. Tiembla como si estuviera ante una posibilidad que siempre ha admitido en su mente, pero con respecto a la cual no sabe cómo actuar, qué hacer, cómo comportarse.

Y, efectivamente, ¿quién sabe cómo comportarse ante ciertas cosas? Es imposible escribir un manual de comportamiento. La única cosa que se puede decir es que sirven oración y ayuno, y una vida anclada a la fe en Cristo. También porque, cuando se está poseído, se queda, día tras día, cada vez más solo. Todos te abandonan. Se está solo y se es, verdaderamente, el más pobre entre los pobres.

—Señora, sus hijos están poseídos. Es evidente. Me bastó un exorcismo para comprenderlo.

En la habitación reina el silencio. Son palabras difíciles de digerir, lo sé. Pero son palabras que deben ser dichas. Mejor decir la verdad pronto que esperar quién sabe qué momento oportuno. El mal, cuando existe, debe ser afrontado.

—¿Cómo es posible esto? Dígame, ¿cómo es posible que estén poseídos? Y ¿qué significa eso?

—Significa que por algún motivo Satanás, o cualquier espíritu maligno en su lugar, tomo posesión de su cuerpo. Hay siempre un motivo, un origen. Y es por esto que tengo que preguntarle: ¿cómo es posible?

A Federica le parece que estoy hablando una lengua desconocida. Así que intento explicarme mejor.

—Las posesiones son casos muy raros. Es muy difícil que Satanás entre en el cuerpo de una persona, que lo haga suyo. No sucede casi nunca. Incluso porque el diablo, más que mostrarse, prefiere permanecer oculto. Prefiere vivir tentando al hombre en la vida ordinaria, llevándolo a pecar cotidianamente, a crear división dentro de sí mismo y entre él y las personas que están a su alrededor. La posesión es una acción extraordinaria también para él, en conclusión. El motivo es misterioso. Aunque a menudo, no siempre pero a menudo, hay detrás un acto de la voluntad del hombre. Es el hombre –aparte de rarísimos casos de hombres santos poseídos contra su voluntad– el que de algún modo deja espacio al diablo dentro de sí. Dígame, ¿qué vida viven sus hijos? ¿Qué personas frecuentan? ¿Qué hacen en el tiempo libre?

—¿Qué puedo decirle, padre? Tienen una vida normal. Trabajan en un taller cerca de casa. Su padre también era mecánico. Nunca tuvo un taller. Durante años estuvo en un taller como empleado.

—¿Dónde está su marido?

—Hace tiempo murió. Un tumor. Yo vivo gracias al sueldo de mis hijos, que han encontrado trabajo como mecánicos. Soy ama de casa. No tengo ingresos. De hecho, dependo de ellos. Por lo demás, tienen una vida normal, al menos a mí me parece así.

—Dígame, ¿en casa sus hijos nunca han tenido la reacción que el otro día tuvieron aquí? ¿Nunca han estado en trance?

—No, nunca. Se lo repito, aparte de la extraña aversión a lo sagrado, nunca he visto nada de extraño en ellos.

—Hábleme más de esta aversión por lo sagrado.

—Bien, hace tiempo que no ponen un pie en la iglesia. Si se acercan, no entran. No lo logran. Y cuanto más se acercan tanto más se agitan, hasta gritan, incluso a veces blasfeman.

—¿Alguna vez oran?

—Que yo sepa nunca.

—¿En casa tienen imágenes sagradas, la santa cruz?

—A decir verdad, no. En general no me gustan los cuadros en casa. Así que no cuelgo en las paredes imágenes sagradas. ¿Cruces? Nunca lo he pensado.

—¿Pero si sus hijos ven una cruz o una imagen sagrada tienen alguna reacción extraña?

—Se lo repito, si se acercan a lugares sagrados sí, a las iglesias, a los santuarios... Ante las imágenes o las cruces nunca los he visto. En el taller tampoco hay cuadros colgados de la Virgen o de san José...

—Mire, sinceramente pensé, cuando los vi entrar aquí el otro día, que no tenían nada. El mundo está lleno de chicos como ellos que no van a la iglesia, que no tienen fe, que blasfeman... Realmente no me esperaba semejante reacción ante el exorcismo. Una reacción moderada, en honor a la verdad. A menudo las reacciones son de otro tipo, mucho más violentas. Pero es evidente que en cierto momento dejaron de bromear. No fingían. Alguien dentro de ellos actuó en su lugar. Dígame, cuando salieron de aquí, ¿qué le dijeron? ¿Hablaron de lo que sucedió? ¿Recordaban alguna cosa?

—Nada. Estaban nuevamente trastornados. En el coche se durmieron como si fueran dos niños pequeños. Al llegar a casa tuve que despertarlos a la fuerza. Entraron cansados y cada uno se acostó en su cama. Y durmieron ininterrumpidamente hasta la mañana siguiente. Hacía años que no los veía dormir tan profundamente y durante tantas horas seguidas.

—Dígame, ¿qué pensó? ¿Por qué sufren este trastorno, según usted?

—Le aseguro que no sé qué responder. No puedo controlar lo que hacen de la mañana a la noche, a quién ven, a quién frecuentan. No sé ni siquiera si el sábado por la tarde, en las largas noches que pasan fuera de casa, frecuentan a personas poco recomendables... En todo caso, no me parece que tengan una vida muy distinta de la de tantos jóvenes de su edad. Por lo menos eso es lo que me parece.

—¿Su marido era creyente? ¿Iba a la iglesia?

—No, nunca. No creía y no quería tocar el tema nunca.

—Y usted, ¿cree?

—¿Yo? Digamos que sí.

—¿Y va a la iglesia?

—Sí, siempre he ido, al menos el domingo. Pero nada más.

—¿Y a sus hijos los llevaba desde pequeños a la iglesia?

—Sí, aunque no era fácil. Mi marido me dejaba hacerlo, pero sin tener su enérgico apoyo siempre fue una gran lucha. Tuve que esforzarme mucho para que se bautizaran, pero, sobre todo, para que frecuentaran la catequesis. La comunión y la confirmación fueron dos metas que aún hoy no sé cómo fue posible alcanzarlas.

—¿Hace cuánto que no van a la iglesia?

—Hace mucho tiempo. Creo que desde hace cinco o seis años.

—¿Por qué no van? ¿Sucedió algo hace cinco o seis años?

—¿Algo en qué sentido?

—Algún hecho que los haya convencido de no ir más a la iglesia. Algo que los haya traumatizado o que conscientemente les haya hecho tomar la decisión de dar la espalda a Cristo...

Federica busca en su memoria. Piensa un largo tiempo. Y después, me parece que con sinceridad, me dice:

—No recuerdo nada en particular. Han dejado de frecuentar los sacramentos y basta. No sé qué más decir.

—¿Qué piensa? –le digo–. Si queremos ayudar a sus hijos es necesario comprender si ha sucedido algo que pueda haber originado esta situación. Comprender el origen es fundamental para la liberación. Mientras no entendamos cómo ha comenzado todo, los exorcismos pueden ser ineficaces.

Y me despido. La veo salir de aquí, ensimismada en sus pensamientos. Me causan mucha compasión los parientes de los poseídos. De pronto se encuentran ante algo infinitamente más grande que ellos. Y nadie, casi nadie, está capacitado para ayudarlos. Llevan sobre su espalda una carga enorme, un peso que a menudo dura toda la vida, así de duras y obstinadas son las posesiones diabólicas. Sería justo que fuera mayor la atención por parte de los obispos a las personas como ellos. En cambio, países enteros del mundo, diócesis completas, incluso las más importantes, carecen de exorcistas. No es tanto la falta de exorcistas lo que me molesta. Es más porque el hecho de que haya carencia de exorcistas implica que no hay nadie con quien las personas poseídas o vejadas por el demonio puedan aunque sea solo dialogar, intercambiar palabras, confrontarse brevemente. Es un drama enorme. Y sin embargo, Jesús exorcizaba continuamente. Los evangelios no mienten. ¿Por qué se habla tanto de Cristo, pero no se le imita en una de las acciones más importantes que Él cumplió en esta tierra, es decir, expulsar demonios?

Lo sé, fuera de la Iglesia católica, cuando se habla de estas cosas, se nos toma por locos. Pero no hay necesidad de escandalizarse. No sirve la publicidad. Sirve solo que el Papa actúe y ordene a todos los obispos, sin excepción, nombrar a un exorcista. Así quien cree que tiene este tipo de problemas sabe a quién dirigirse. Y al menos los que viven esta dramática situación sabrán con quién hablar. Pero ¡pónganse en su lugar! Aquí se trata de personas que luchan contra una entidad terrible, el príncipe del mal. Y a menudo lo hacen solas. ¿Es justo? ¿Es justo dejarlas solas cuando Cristo ha afirmado que ha venido al mundo con el preciso objetivo de destruir el poder de Satanás sobre el mundo? La Iglesia católica debería pensar menos en los juicios del mundo con respecto a ella y actuar.

A menudo se habla del dolor inocente. Todos son sacudidos, también la llamada «inteligencia» laica, sobre todo cuando este dolor golpea a los niños. ¿Pero saben cuántos pequeños poseídos he tenido que exorcizar en mi vida? Inocentes que, a causa de la locura y de la maldad de los mayores (muy frecuentemente, sus familiares), quedan atrapados en las garras del diablo. Atormentados en el cuerpo, he debido liberarlos. Pero en las diócesis donde no hay un exorcista,

¿quién los ayuda? Si el temor de la Iglesia es la espectacularización de estas cosas, basta imponer al exorcista que actúe con la máxima reserva. Y que no conceda entrevistas a los periodistas. Lo sé, me dirán: ¡Mira quién habla! Yo hablo a menudo con los periodistas, concedo entrevistas. Pero lo hago porque por lo menos uno de nosotros debe hacerlo. Para sensibilizar a la gente y sobre todo a la Iglesia. ¿Por qué es necesario imponer reserva y discreción a los sacerdotes exorcistas? Son sacerdotes con la cabeza sobre los hombros, sacerdotes que a menudo se ven obligados a horas infinitas de sesiones de exorcismo en medio de la indiferencia de sus propios colegas sacerdotes o hermanos religiosos. No es justo.

¿Nunca han oído los gritos de los niños poseídos? Vayan a dar una vuelta a cualquier santuario italiano donde los reciben y podrán hacerse una idea de cuáles son los sufrimientos que estas criaturas de Dios son obligadas a padecer. Por fortuna en algunos lugares hay alguien que los ayuda. Pero, ¿y donde no hay nadie? Yo creo que si un obispo que no quiere exorcistas en su diócesis participara tan solo una vez en un exorcismo, cambiaría de opinión. No se puede permanecer indiferente cuando Satanás actúa. Es una fuerza totalmente oscura e inhumana que no deja a nadie indiferente.

Cuando se participa en un exorcismo, es evidente que todo es mucho más sencillo de lo que se pueda imaginar: existe el bien, Cristo, y existe el mal, Satanás. Existen dos fuerzas que se contraponen y se enfrentan. Con estas dos fuerzas los hombres –todos los hombres, obispos incluidos– deben vérselas.

Desde que atiendo personas que tienen problemas de posesiones, mi vida ya no es como antes. Estas personas, precisamente porque de algún modo han confiado en mí, entran a formar parte de mi vida, de mis pensamientos. Vivo pensando en ellas y las cosas ya no son como antes.

Incluso en los días sucesivos a aquel en el que los dos hijos de Federica vinieron a verme todo ha sido distinto. Las ocupaciones de la cotidianidad son a menudo ofrecidas a Cristo a cambio de su liberación. Porque nada puede hacer un exorcista si no pide, si no suplica la intervención de Cristo y de los santos. ¿Y qué mejor acción para hacer efectiva esta intervención que ofrecer sacrificios?

Pero además de los sacrificios hay mucho que se puede hacer gracias al más grande sacrificio en el que podemos participar, es decir, la santa Eucaristía diaria. Cuando el cáliz es elevado, cuando el vino se convierte en sangre, repito en voz baja los nombres de las personas que necesitan ayuda. Pido que la sangre de Cristo los cubra y los ayude, que entre en sus cuerpos y los regenere.

Cuántas gracias provienen de la Eucaristía diaria, no sé explicarlo. ¡En verdad, si el mundo tomara conciencia de que allí, en las iglesias donde se celebra la misa, está Dios realmente presente y actúa, todo cambiaría! El encuentro cotidiano con Dios cambia la vida, la endereza sobre vías de luz y no de oscuridad. Dios obra, nos contempla y nosotros lo contemplamos. Él es la verdad. Y está allí, al alcance de todos. ¿Qué esperar entonces? ¿Por qué la demora? Sus frutos están listos y disponibles para los que le abren las puertas. Si la riqueza es un bien deseable en la vida –dice el libro de la Sabiduría–, ¿qué bien más grande que la sabiduría de Dios, que todo lo produce? La sabiduría de Dios ve el futuro, escruta los corazones, hace volver la vida hacia el bien. ¿Para qué evitarlo entonces? ¡Id a la iglesia! Pedid la sabiduría al Padre y ella se os concederá.

En verdad oro por mis poseídos y en particular por los hijos de Federica, Pascual y Fabricio. Pero sé bien que nada se puede hacer sin su ayuda. Antes de los exorcismos debe estar, de parte de quien sufre, la voluntad de liberarse a través de Cristo. Después debe estar la disposición a cambiar de vida, a vivir una existencia de fe, oración y sacramentos. Si uno va donde el exorcista, pero al mismo tiempo no cambia de vida, los exorcismos no sirven de nada, son totalmente ineficaces.

Pascual y Fabricio vuelven a verme dos semanas después de nuestro primer encuentro. Antes de su llegada le he pedido a Federica que les transmita estas palabras: «El padre Amorth sostiene que lo necesitáis, pero si no queréis ser ayudados es mejor que no vengáis. Decidíos, depende de vosotros».

Los dos no son completamente conscientes de lo que les está sucediendo. Pero el último encuentro los tiene perturbados. No recuerdan nada, pero saben bien que algo sucedió cuando oraba sobre ellos con la estola, el agua bendita, la cruz y el óleo santo. Y es algo que no saben explicar. Probablemente ni siquiera ellos, como Federica, pueden decir a qué se debe esa posesión diabólica. Pero es solo participando en otros exorcismos como pueden retroceder en el tiempo hasta comprender, si Dios quiere, todo.

Desde la ventana de mi habitación observo el cielo de Roma. Azul, limpio, tan puro que mi corazón no puede dejar de dar gracias a Dios. Y me parece muy contradictorio que en medio de tanta pureza exista el mal, la corrupción, el odio... ¿Por qué? Me lo he preguntado muchas veces, pero la rebelión de Satanás contra Dios, progenie de todo mal, sigue siendo un misterio de libertad que nadie está capacitado para descifrarlo y explicarlo.

Federica, Pascual y Fabricio bajan del coche y se encaminan hacia la entrada de mi casa. Todavía no saben que, muy probablemente, tendrán que venir aquí durante años. Pero es así como son las cosas. Las posesiones suelen durar años. Antes de la liberación definitiva son necesarios muchos exorcismos.

A mi habitación he hecho venir algunas personas para que oren y a otras para que ayuden a mantener quietos a los dos muchachos en caso de que el exorcismo se torne violento. Las personas que oran son fundamentales. Las oraciones sirven, son eficaces, ayudan a asegurar que todo en torno a los poseídos permanezca firmemente en manos de Cristo y no permiten que Satanás tome ventaja. Son personas de fe que no temen al demonio, porque se les ha enseñado cómo es el demonio el que ha de temerles y no al contrario, cómo el demonio ha de temer a su Rosario recitado en voz baja.

No hay nada que fastidie más al demonio que el Rosario. Es una oración que no puede soportar en absoluto. ¡Cuántas liberaciones han ocurrido mientras la gente cercana al poseído rezaba el Rosario! Una vez en un exorcismo Satanás me dijo:

—La odio.

—¿Qué? –pregunté.

—¡Esa camándula! Me asquea. ¡No puedo soportarla! ¡Y a todos los que la recitan! Porque no me deja en paz.

¿Comprenden? Para el diablo, el Rosario es una oración contra él, tan contraria a él que no resiste oírla, no puede soportarla.

La primera en entrar es Federica. Está exhausta, nos saluda a todos y se acomoda detrás de las personas que oran, en la segunda fila. Fabricio y Pascual, después de ella, entran sin esa arrogancia del primer encuentro. Están incluso nerviosos.

—¿Por qué estáis aquí? –pregunto a quemarropa.

Se miran en silencio. Responde Pascual:

—Es probable que necesitemos su ayuda. Al volver a casa después de nuestro último encuentro, dormimos como no lo habíamos hecho durante años. Quizá verdaderamente algo malvado nos perturba. Así que queremos probar...

—Yo estoy dispuesto a hacer cada tanto una oración exorcista, que no son más que sencillas bendiciones que recito en latín. Pero después, si seguimos adelante, mucho dependerá de vosotros. ¿Estáis dispuestos a acoger a Cristo en vuestras vidas?

No me responden pero con la cabeza hacen una señal de aprobación. Sé bien que no saben ni siquiera qué significa acoger a Cristo, pero sé también que tengo la obligación de ayudarlos. Dios, si ellos están dispuestos, intervendrá en su ayuda.

Apenas me pongo la estola, su estado de ánimo cambia. La larga estola morada –pero ahora también las personas que están sentadas en semicírculo detrás de ellos– les fastidia. La oración, así como la estola, es signo de una realidad que es opuesta a aquella que los tiene poseídos. Satanás se ha creado el infierno desobedeciendo a Dios y este lugar es exactamente contrario al paraíso, al reino de Dios. Los opuestos se rechazan, y Pascual y Fabricio, sin que su voluntad pueda hacer nada para evitarlo, viven en su propio cuerpo esta poderosa batalla espiritual. Todo el bien y todo el mal luchan durante el exorcismo dentro de ellos.

Cuando Satanás se rebeló contra Dios, el arcángel Miguel guió el pelotón de ángeles del bien. Contra él estaba la legión negra, la de los demonios. Fue una batalla épica y destinada a repetirse hasta el fin de los tiempos. Dramáticamente, en efecto, esta misma batalla vuelve a proponerse cada día y, de modo más manifiesto, durante los exorcismos. Dios contra Satanás, el bien contra el mal, los ángeles contra los demonios. Y los cuerpos de los poseídos que son usados como campo de batalla. Y ellos, los poseídos, que deben reaccionar, dejarse exorcizar, si es posible volver a aprender a orar para hacer salir el mal de una vez por todas.

De repente siento la mejilla izquierda mojada. Levanto la cabeza y veo a Pascual que me escupe. El hermano lo observa y después lo imita. Ríen juntos. Sé bien qué está sucediendo. Hemos entrado en batalla. Los escupitajos están en el orden del día en estos casos. Es normal. El diablo reacciona también así al exorcismo.

Me acerco a los dos. Están sentados. Unos hombres los sostienen, aunque no están particularmente agitados. Pongo el pulgar derecho sobre la frente de Pascual, oro en latín y en el momento oportuno dejo que el pulgar haga una cruz sobre su frente. Después hago lo mismo con Fabricio. La cruz sobre la frente es una pequeña pero eficaz sacudida dentro del cuerpo de ambos. Los hace temblar, estremecerse, es un signo contra el cual no tienen defensa.

Federica, un poco más atrás, está aterrorizada. Pero ora y su oración puede ser de mucha ayuda. En efecto, cuando comienzan los exorcismos, la primera cosa que hay que hacer es intentar saber quién está dentro del cuerpo de los poseídos, cómo se llama o cómo se llaman los demonios, y luego el motivo, la causa que ha originado la posesión. Constreñir los demonios a revelarse es una forma de debilitarlos: cuanta más verdad digan en el nombre de Cristo tanto más pronto se da la liberación definitiva. Y al contrario: cuanto menos se revelen tanto más se demora la liberación. A menudo dicen mentiras, es verdad. Pero si se les obliga a responder en el nombre de Cristo, no pueden mentir.

La oración en latín dura por lo menos media hora. La recito lentamente, no hay prisa. Las palabras deben ser bien pronunciadas, deben ser eficaces, cuchillas afiladas sobre espíritus rebeldes.

Los dos chicos están desde hace un buen rato en otra parte, ausentes. Alguien más está presente en lugar de ellos, alguien más los está poseyendo. Es un espíritu –o varios espíritus– que no habla. Se queda en silencio, mudo. Lo único que hace es escupir y, de tanto en tanto, murmurar palabras incomprensibles. Es un lamento o tal vez una lengua desconocida, la suya. Lo cierto es que son sonidos que no se oyen normalmente. No se parecen al llanto de los niños ni al lamento de los moribundos ni a los martirios de quien sufre dolores físicos incluso terribles. Es un lamento que viene de otro mundo, una mezcla de dolor y al mismo tiempo de rabia, de odio, de fastidio por todo y todos.

Oro sobre ellos por lo menos tres horas. Es un ir y venir aparentemente ineficaz: yo rezo en latín, ellos responden con lamentos y escupitajos. El cuerpo de los dos está tenso, como una cuerda de violín desgastada y debilitada. Parece que van a romperse en dos de un momento a otro, a romperse y literalmente venirse fragorosamente a tierra.

Que la reacción de los dos no sea, en el fondo, violenta no significa que quien está dentro de ellos no sea potente. Podría incluso ser Satanás en persona o uno de sus principales súbditos. Es difícil de saber si no habla, difícil de comprender hasta que no salga al descubierto.

Después de tres horas, estoy cansado. No tanto por las oraciones, sino porque después de cada palabra que pronuncio siento sobre mi piel y en mi mente la reacción de los espíritus del mal. Reaccionan, tratan de rechazarme, no soportan mis invocaciones.

—Ahora, en el nombre de Cristo, cierro este exorcismo –digo y concluyo todo.

Habrá otras ocasiones de llegar al fondo de este caso.

La batalla apenas ha comenzado.

Los he salvado a todos

En verdad es necesario decir: ¡por fin! El plan de Dios anunciado en el protoevangelio ha llegado a su cumplimiento. No sabemos cuánto tiempo ha transcurrido: siglos o milenios. Pero es un hecho que en cierto momento Dios empieza a realizar la promesa de mandar a su Hijo, haciéndolo nacer en un pueblo particular. Por este objetivo Dios elige a Abrahán y de él hace nacer el pueblo de Israel. La historia de este pueblo está completamente orientada a preparar la venida de Cristo. Y, efectivamente, al pueblo se le dicen numerosas profecías, palabras que preparan acontecimientos característicos de la que será la vida del Mesías. En las palabras de los profetas ya está el Mesías, su anuncio, su vida.

El Señor ha elegido. Y su elección recayó sobre la tribu de Judá. ¿Y cuál entre las numerosas familias que componen esta tribu será, a su vez, la preelegida? La familia de David. Los tiempos se acercan. Durante el famoso éxodo de Egipto, la fuga del pueblo de Israel de la esclavitud egipcia, es Moisés el gran líder, el exaltador de pueblos que habla con Dios cara a cara, para estipular la primera alianza. La alianza del pueblo de Israel con Dios se funda en un compromiso y una promesa. El compromiso del pueblo es ser fiel al único Dios y observar los diez mandamientos. La promesa de Dios es estar presente en medio de su pueblo y guiarlo en todo.

Pero, ¿cuántas veces el pueblo hebreo traicionó la alianza con Dios y se entregó a la idolatría? Hay un momento particular en el cual el pueblo traiciona. Y es cuando, en el tiempo del profeta Samuel, el pueblo se cansa de ser guiado por un Dios invisible y quiere un rey como lo tienen todos los demás pueblos. Es un verdadero rechazo de Dios. Pero Dios, paciente y tolerante, acepta también este insulto y designa a Saúl como rey del pueblo de Israel. Desde ese día los reyes lo siguen. Llega el tiempo de descendencias pacíficas. El último descendiente de David con relevancia real es Zorobabel, que vive cerca de quinientos años antes de Cristo. El pueblo es oprimido por los romanos y está cada vez más ansioso de que venga el preanunciado Mesías a liberarlo. Este llega: es Jesús, el Hijo de Dios y de María.

Después de la vida escondida en Nazaret, Jesús inicia la vida pública con un acto de humildad: recibe de Juan el bautismo de penitencia como si de hecho cargara con todas nuestras culpas. Después se retira al desierto durante cuarenta días. El desierto es el lugar de la oración y de la penitencia, pero es también el lugar privilegiado de Satanás. Aquí Jesús inicia la lucha contra el enemigo número uno, Satanás. Dice expresamente Juan que Jesús ha venido para destruir las obras de Satanás.

Durante toda su vida, la batalla de Jesús contra Satanás es ininterrumpida. Comienza en el desierto, donde Jesús debe resistir a las tentaciones. Después continúa durante su ministerio público: Jesús libera a los endemoniados y, sobre todo, señala la vía de la salvación eterna. Al hacerlo así, se opone enérgicamente a Satanás, que, a su vez, continuamente propone la vía de la condenación eterna.

El evangelio de Marcos, haciendo referencia a los inicios de la predicación pública de Jesús, retoma una frase de Cristo mismo, una frase que en cuatro palabras contiene ya todo un programa: «El tiempo se ha cumplido, el reino de Dios está cerca; convertíos y creed en el Evangelio» (Mc 1,15). Es evidente para todos: Jesús, por el solo hecho de haberse encarnado, considera ya cumplida su misión, tanto que presenta todos los efectos de la Redención como ya realizados.

El primer concepto que expresa Jesús es que «el tiempo de Dios se ha cumplido». Es decir, ha terminado la larga espera del Salvador prometida a los padres. Aquí domina Jesús. Él está en el centro de la historia del hombre. Todo el tiempo que lo precede debe ser calculado como antes de su venida al mundo, mientras el tiempo que lo sigue de ahora en adelante es el tiempo sucesivo a su nacimiento. No hay ninguna duda. De ahora en adelante Jesús se convierte en el centro de la vida humana.

El segundo concepto es que «el reino de Dios está cerca». Se trata de una afirmación fundamental. Dice en esencia que el paraíso, es decir, el reino de Dios, está abierto, listo para acoger a todos los hombres. Había sido cerrado después de la rebelión de los primeros padres a Dios, tanto así que el hombre, en el momento de la muerte, cuando el alma se separaba del cuerpo, se encontraba para siempre en una situación de infelicidad. El alma andaba en la oscuridad del Seol, alejada de Dios. Y el cuerpo sufría la corrupción total.

«Acuérdate hombre de que eres polvo y en polvo te convertirás», dice Dios en el Génesis después de haber expulsado a Adán del Edén a causa de su traición. Debido al pecado de Adán, el hombre ya no sería una totalidad hecha de alma y de cuerpo. Pero Jesús, al decir que «el reino de Dios está cerca» –lo cual se puede también traducir como «el reino de Dios se acerca»–, dice que el paraíso está cerca porque está abierto al alma humana inmediatamente después de la muerte. El alma, después de la muerte, va inmediatamente al paraíso, que es la meta para la que ha sido creada. Pero sabemos que el alma puede ir también al purgatorio o incluso al infierno.

Esta es la gran conquista obtenida por la muerte y la resurrección de Cristo, una muerte que ha anulado las consecuencias del pecado original: apertura al paraíso, victoria sobre la muerte hasta tal punto que el alma tiene acceso inmediato al cielo, resurrección del cuerpo, que se convertirá en inmortal como el cuerpo resucitado de Cristo. Este acontecimiento se hará realidad al final de los tiempos, cuando se dará la resurrección de la carne.

El tercer concepto es el mandamiento de Jesús: «Convertíos». Muestra la necesidad de un cambio radical de vida. Si bien hasta ese momento el hombre mira solo hacia la vida terrena preocupándose exclusivamente del bienestar humano (éxito, ganancias, placeres), ahora ya no es más así. La preocupación principal es fijar la mirada en el paraíso, que es eterno. Todo el empeño de la actividad humana está orientado hacia esta meta final. Afirma san Pablo: «Hermanos, si habéis resucitado con Cristo, buscad las cosas de arriba, donde se encuentra Cristo sentado a la diestra de Dios; buscad las cosas de arriba, no las de la tierra».

Cuarto concepto: «Creed en el Evangelio». Es el camino para obtener lo que Cristo nos ha conseguido. Debemos creer en Él y seguir sus enseñanzas. Jesús nos ha enseñado con el ejemplo de su vida, con sus palabras, con el don total de sí. Es Dios encarnado que nos muestra cómo Dios actúa en las circunstancias humanas a fin de que también nuestro comportamiento se haga casi divino. Por este motivo nosotros decimos que el cristianismo no es una doctrina, sino una persona. Ser cristianos es imitar a Jesucristo, es seguir a Jesucristo, es vivir de modo que sea Jesucristo quien vive en nosotros.

Dos principios muy simples nos dicen cómo se hace para vivir en Jesucristo. Son los dos mandamientos del amor. El primero pide amar al Señor, tu Dios, con todo el corazón, con toda la mente y con todas las fuerzas. Es decir, dice que siempre debemos hacer la voluntad de Dios, porque «no quien dice "Señor, Señor" entra en el Reino de los cielos, sino quien hace la voluntad de mi Padre que está en los cielos».

El segundo mandamiento dice: «Amaos como yo os he amado». Ya no es suficiente el mandamiento de «Ama a tu prójimo como a ti mismo», porque hay algo más: «Os doy un mandamiento nuevo. Amaos como yo os he amado». Es el mandamiento más vinculante y comprometedor. Juan da esta explicación: ¿de qué modo nos ha amado Jesús? Dando la vida por nosotros. Entonces, también nosotros debemos dar la vida por nuestros hermanos.

El primer mandamiento nos invita a observar las leyes dadas por Dios. Son todas leyes dictadas por el amor y han sido dadas para nuestro bien. Si el hombre las observa, vive verdaderamente como hombre; si no las observa, cae en un abismo sin fondo. No digo que vive como un animal, porque en realidad comete actos que ni siquiera los animales hacen. Ni siquiera los animales osan tanto como cierta parte de la humanidad de hoy llega a cometer. Fijémonos solo en el colapso de la familia o en la traición al concepto de amor tal como lo ha instituido Dios entre el hombre y la mujer.

El primer milagro hecho por Jesús fue en las bodas de Caná. Es bello ver cómo el Señor comenzó desde la familia y desde una familia no rica, que incluso en la boda se quedó sin vino. E insistirá a menudo para que la familia vuelva a ser la que el Creador ha querido, cuando afirma: «No separe el hombre lo que Dios ha unido».

Luego, todo el comportamiento de Jesús hacia los pobres, los pecadores, las mujeres, toda su enseñanza tiene por objeto hacer que los hombres se sientan hermanos, hijos de Dios, que es un Padre infinitamente bueno, tanto que Jesús mismo lo llama *Abbà,* es decir, papá.

Esta es la gran revolución, la única revolución social verdadera porque cambia al hombre desde dentro. Lo transforma de un egoísta que piensa solo en sí mismo, en un altruista preocupado por los otros. Todos somos hermanos, incluso los enemigos son nuestros hermanos. ¿Qué religión se ha atrevido a enseñar alguna vez que debemos amar a nuestros enemigos? Si nos consideráramos todos hermanos, no habría ningún antagonismo. El rico ayudaría al pobre, el sano socorrería al enfermo. Este mundo se convertiría en una antesala al paraíso. Y no se trata de utopías, sino de una realidad que poco a poco se va afirmando. En estos dos milenios en los que el cristianismo se ha diseminado por el mundo, ha ido desapareciendo la esclavitud, la mujer es valorada al igual que el hombre, los conflictos se resuelven no con la guerra, sino con el diálogo. Hubo un tiempo magnífico para Europa: después de dos milenios de guerras continuas entre los Estados han llegado tres cristianos de gran fe: el italiano Alcide De Gasperi, el alemán Konrad Adenauer y el francés Robert Schuman. Ellos declararon: «Basta de guerras entre nosotros. Debemos vivir como aliados. Como son los Estados Unidos de América, así serán los Estados Unidos de Europa». Todas estas conquistas son realidades que demuestran cómo la revolución del amor predicada por Jesús es realizable solo si los hombres abren los ojos hacia lo que es su verdadero bienestar. Jesús nos ha salvado a todos en la vida terrena y para la eternidad.

Esta es la explicación de por qué el juicio sobre nosotros no dependerá de otro, sino de cómo nos hayamos comportado en nuestras relaciones con Cristo. La caridad hacia el prójimo es, pues, la medida de cómo nos hemos comportado con el Señor. Lo explica claramente Mateo, cuando en el capítulo 25 de su evangelio nos presenta, con términos adaptados a nuestra comprensión, el gran pasaje del juicio universal. Jesús habla de su retorno al mundo, el día, precisamente, del juicio universal. Él echará fuera de sí a los que llama «malditos»:

> «"Apartaos de mí, malditos, id al fuego eterno preparado para el diablo y sus ángeles. Porque tuve hambre, y no me disteis de comer; tuve sed, y no me disteis de beber; fui extranjero, y no me acogisteis; estaba desnudo, y no me vestisteis; enfermo y en la cárcel, y no me visitasteis". Entonces dirán también estos: "Señor, ¿cuándo te vimos hambriento o sediento o extranjero o desnudo o enfermo o en la cárcel, y no te asistimos?". Y Él entonces les responderá: "Os aseguro que cuando no lo hicistéis con uno de estos más pequeños, tampoco conmigo lo hicisteis". E irán estos a un castigo eterno» (Mt 25,41-46).

Y dirá en cambio: «Venid, benditos de mi Padre; recibid como herencia el Reino de los cielos que ha sido preparado desde la creación del mundo» (Mt 25,34). Y los justos irán a la vida eterna.

Jesús se identifica con el prójimo y especialmente con los más pobres. Jesús cambia el sentido de la vida. Nosotros no le podemos dar nada a Dios, pero Dios nos ha puesto en medio de los otros, y de acuerdo con la manera como los tratemos así se siente tratado. De este modo, ningún hombre en el mundo es indiferente a Jesucristo, Él está en el centro de la vida de cada uno. Nosotros vivimos en medio de los otros y creemos que lo podemos tratar como queramos. Será grande en el Reino de los cielos quien haya sabido acoger a los otros como hizo Jesús.

Estoy apenas en el inicio de mi «carrera» de exorcista. El padre Cándido Amantini me ha tomado amorosamente bajo sus brazos protectores. Por lo demás, el mandato de aquel que es, hasta 1991, el arzobispo vicario de Roma, el cardenal Ugo Poletti, ha sido claro: «Siga al padre Cándido Amantini y aprenda de él lo más que pueda. Roma necesita exorcistas y el padre Cándido está mayor ya».

Lo recuerdo como si fuera hoy, el padre Cándido, en lo alto de la Escalera Santa, en el santuario, situado enfrente de San Juan de Letrán, que acoge esa escalera que la tradición cree que fue subida por Jesús para presentarse ante las autoridades romanas. Lo recuerdo, imponiendo sus manos todo el día a centenares de fieles que de continuo pedían su discernimiento. «Tú sí, tú no», decía a los que le preguntaban si debían volver donde él para recibir más oraciones. Él, en efecto, sentía con la sola imposición de las manos si las personas necesitaban oración. Le bastaba verdaderamente poco, ¡bienaventurado! Por lo demás, era un hombre santo, y el proceso de beatificación y canonización abierto hace poco en la diócesis me lo confirma. Para la Iglesia él no es todavía oficialmente santo, pero para mí y para muchos fieles ya lo es.

En cuanto a sus dones espirituales, un episodio está presente indeleblemente entre mis recuerdos. Me encontré con él y me mostró unas fotografías. Tomé la primera, que era de un hombre, y me dijo: «¿Ve, padre Amorth?». Y yo: «Yo no veo nada, padre Cándido». Y él me respondió: «¿Ve? Este hombre no necesita nada». Luego tomó la foto de una mujer y me preguntó de nuevo: «¿Ve, padre Amorth?». Y yo le repetí: «Yo no capto nada, padre Cándido, ni veo nada». Y él: «Esta mujer necesita muchos tratamientos médicos, debe dirigirse a los médicos y no a los exorcistas». Finalmente, tomó una foto que tenía de una joven: «¿Ve, padre Amorth? Esta joven necesita un exorcismo, ¿ve?». Y respondí: «Padre Cándido, ¡yo no veo nada! Veo solo si una persona es bella o fea. Y si debo ser sincero, ¡esta chica no está nada mal!». Y él se echó a reír. Estaba bromeando, pero él ya había comprendido que esa chica necesitaba de Dios.

Dora, la mujer de Angelo Battisti, se presenta una tarde en la Escalera Santa. Le cuenta al padre Cándido lo que le está sucediendo a su marido. El padre Cándido sabe quién es Angelo, sabe de la unión que siempre ha tenido con el padre Pío; por ese motivo las palabras de la mujer lo inquietan. Angelo es desde hace tiempo su amigo y saber que está en dificultades es algo que no lo deja tranquilo.

—Iré esta tarde –le dice y se despide.

Entonces me llama.

—Padre Amorth, ¿conoce a Angelo Battisti?

—Sí, claro.

—Ha venido a buscarme su mujer. Dice que está mal, que no habla desde hace meses, precisamente desde que se jubiló, y un religioso que trabaja en el Vaticano le ha aconsejado que me llamara... No sé qué pensar, estoy preocupado.

—Efectivamente, hace tiempo que no tengo noticias suyas...

—Voy a su casa esta tarde, ¿puede acompañarme?

—Sí, claro, iré con gusto.

Si el padre Cándido está preocupado, evidentemente hay motivos. No se preocupa nunca si es consciente de que no es necesario. En este caso, en cambio, percibe que hay algo que no anda bien. Le ha bastado escuchar el tono de la voz de la señora Dora para comprender que la situación no es afortunada. Ciertamente no sabe exactamente de qué se trata. Pero en su corazón espera que por una vez no sea necesaria su intervención.

¡Cuántas veces acompañé al padre Cándido en sus salidas...! Fueron para mí una escuela fundamental. En general estar junto a una persona santa es siempre una escuela de vida. Para alguien como yo, que de un momento a otro ha pasado de ser el sacerdote periodista (era editor de la revista *Madre di Dio* de los paulinos, la congregación religiosa a la que pertenezco) a convertirse en exorcista, ayudar en sus exorcismos ha sido una enseñanza importante, diría que decisiva. Es también por esto que sugiero siempre a los obispos que nombren exorcistas que hagan que los jóvenes puedan estar por lo menos un tiempo junto a los más mayores. Es decisivo para un sacerdote que comienza a exorcizar ver cómo realiza la misión uno que tiene más experiencia que él. Además estar simplemente al lado, sin hacer nada, puede ser útil. Estar al lado y observar en silencio, esto cuenta.

Del padre Cándido recuerdo muchas cosas, pero ante todo no puedo olvidar su fe. Tenía una fe pura, sana, sin titubeos. Y esta fe era su fuerza. Porque no tenía miedo. Satanás era el que temblaba ante él. Él no temía nada. Estaba completamente aferrado a Cristo, una fe imposible de objetar incluso para el más violento de los diablos. Es por esto que siempre se dice que es la fe la que expulsa al demonio. La fe del hombre, incluso del último de los hombres, si es sincera y humilde vence todo. ¿No lo sabían? En las cosas espirituales no vence quien habitualmente tiene lo mejor del mundo. Son los débiles y los impotentes preferiblemente, son los pobres que esperan solo en Dios los que están delante de todos. Los ricos, los que ya saben todo y no necesitan nada, en el cielo no son más que los últimos. ¿Es mejor ser los primeros en la vida o los primeros en el cielo? Yo digo: mejor ser los primeros en el cielo, porque el cielo dura una eternidad. Y además, ser los últimos en la tierra puede traer gran felicidad. Porque quien está atrás y confía solo en Dios recibe de Dios muchos de esos dones, muchos de esos prodigios que ningún oro en el mundo puede igualar. En pocas palabras, son últimos solo en apariencia. Porque en verdad están delante de todos en el corazón de Dios. Intenten confiar solo en Dios y serán capaces de grandes cosas, hasta de oponerse con prodigios y señales a terribles reyes. Lo dice, incluso, el libro de la Sabiduría. Y creerlo significa tener fe. Ustedes serán los señores del mundo, los dominadores de esta tierra. Todo lo podrán en el nombre de Jesucristo.

El padre Cándido camina velozmente. Está sereno, aunque deseoso de llegar rápidamente a casa de su amigo Angelo. Camina absorto en sus pensamientos, los grandes anteojos caen un poco sobre su nariz. Y yo detrás de él. No hablamos. Más bien oramos. Ambos, cada uno por su cuenta, pedimos a la Virgen que venga en nuestra ayuda. También esta es una enseñanza que he aprendido del padre Cándido: contra ciertas potencias, contra ciertos espíritus, la Virgen es vencedora desde siempre. Y es importante invocarla antes de un exorcismo. Basta un pestañeo suyo para cerrar las puertas del mal. Invocarla –sobre todo con el Rosario, como ya he dicho– significa saber ya que la batalla será ganada.

Subimos a pie las escaleras de la casa de los Battisti. Llamamos y nos encontramos de frente una escena que de verdad nunca habríamos imaginado presenciar.

Al abrir la puerta hay un hombre, vestido con chaqueta y corbata, afeitado y perfumado, bien peinado. Nos acoge con una sonrisa seráfica y nos dice con voz aguda: «¿Padre Cándido? ¡Padre Gabriel! Bienvenidos».

Ese hombre no es un extraño.

Ese hombre es Angelo Battisti.

¿Es acaso posible? Dora había dicho que estaba mal... ¿Es posible que nos haya mentido?

La escena es surrealista. Dora, detrás de Angelo, hace un gesto como para decir: «No sé cómo puede ser posible...».

Ella, tomando la palabra, de algún modo trata de explicar:

—Hace un rato le dije a Angelo que vendrían. Se levantó de la cama solo, se bañó, se vistió y los ha recibido. Desde antes de que se jubilara no lo veía así. No sé qué decir.

—¿Pero qué dices, Dora? ¿De qué hablas? –la interrumpe Angelo, sorprendido–. Ah, amigos míos, las mujeres... son así, ven cosas que nadie ve más que ellas...

—¡Angelo, amor mío, hace tres meses que no hablas! Te has dado cuenta, ¿o no?

—Dora, no entiendo... ¿Qué estás diciendo? ¿Tres meses que no hablo? Tal vez estás un poco cansada...

El padre Cándido decide intervenir. Hace gestos a Dora para que no diga nada más y nos acomodamos en la sala de estar.

—Entonces, querido Angelo –pregunta–, ¿qué nos cuentas? ¿Cómo va tu jubilación?

—Tengo que decir, apreciado padre Cándido, que me siento bien. Cierto, ahora paso mucho más tiempo en casa que antes. Es verdad, al comienzo no fue fácil, pero ahora me siento realmente bien.

—¿Ah sí? Me alegra que estés bien. No sabes cómo sienten tu falta en el Vaticano. Sé que eres una figura indispensable para ellos.

—No creo que sientan mi ausencia. En tantos años de trabajo he aprendido que nadie, realmente nadie, es indispensable. Siempre hay alguien que puede reemplazarnos.

—Eso es verdad. Piensa en mí. Hasta hace poco tiempo me preguntaba: ¿quién podrá reemplazarme en la diócesis? Y, ahora, mira un poco a quién tengo al lado hoy: el padre Amorth. Sé que sabrá hacerlo mejor que yo, estoy seguro de eso...

Trato de protestar, pero no me dan lugar. La conversación sigue durante varios minutos, marcada por el signo de la cortesía y de la afabilidad. No hay rastro de las tinieblas de las que Dora había hablado pocas horas antes al padre Cándido. Hay solo gentileza, cortesía, a mi modo de ver incluso mucho amor en esta casa. ¿Pero soy yo el que no puedo ver o qué? ¿Soy yo quien no sé discernir las situaciones, o no?

Dora, no lo comprendo bien, está muy tensa. Parece casi desilusionada por el aire de normalidad que reina en casa. El marido se está comportando como un perfecto caballero, como un amigo de toda la vida. No hay signos, no hay ningún indicio de la dramática situación que la mujer ha expuesto poco antes al padre Cándido. Tanto que pienso: «¿Pero no será que tal vez ese religioso que le ha aconsejado llamar al padre Cándido se ha equivocado?». A veces quien no ha tenido experiencia como exorcista –como quizá ese religioso–, quien no ha asistido nunca a personas poseídas por el demonio, aunque sea un hombre de Iglesia, puede equivocarse crasamente y ver el mal donde no lo hay. Quizá es así. Quizá este religioso está verdaderamente equivocado.

El padre Cándido está muy tranquilo. Dialoga amablemente con Angelo, observándolo sin mostrar ninguna señal de preocupación. En cierto momento dice:

—Bien, querido Angelo, ahora debo irme. ¿Hacemos antes de despedirnos una bella oración? Recemos juntos un Padrenuestro, un Avemaría y un Gloria al Padre. ¿Te parece bien, Angelo?

—Claro, ¿por qué no? Con mucho gusto –responde.

Y él mismo entona el Padrenuestro, rezando muy concentrado junto a mí, el padre Cándido y la señora Dora. Angelo reza y no da ninguna señal extraña. Angelo es el Angelo de siempre, el amigo del padre Pío, hombre de gran fe y de tenaz oración. Angelo no es aquel hombre que Dora le había dicho al padre Cándido. Por una vez, por fortuna, los pronósticos más fúnebres han sido desmentidos por los hechos. Y creo que también el padre Cándido se ha convencido de eso. La prisa con la que ha decidido irse es muestra de que en realidad no teme que haya algo negativo en esta casa. O al menos así interpreto yo su actitud.

Pero tan pronto salimos de la casa lo veo alterado.

—Padre Cándido, ¿qué sucede?

—Es por Angelo... no me convence.

—¿Qué no le convence? Me ha parecido tranquilo, particularmente locuaz, en pocas palabras, me parece que está bien.

—Es verdad, estaba tranquilo. Pero no era él.

Por el momento prefiero no profundizar más en el tema. Comprendo que una vez más lo que el padre Cándido ha visto no es lo que he visto yo. Y pienso: «¿De verdad se puede disimular así de bien el mal? ¿Verdaderamente Satanás logra esconderse hasta tal punto?».

Al día siguiente, el padre Cándido me llama a la Escalera Santa. Me dice:

—Quiero llamar a Dora y quiero que también usted escuche la llamada. En el futuro este caso podrá serle útil. Le hará recordar siempre que uno no debe fiarse nunca de Satanás. Desde luego, no debe nunca pensar que todas las personas que vienen a pedirle ayuda están poseídas. Al contrario, es mejor que desconfíe de esta gente. Pero al mismo tiempo aprenda también a no fiarse nunca de Satanás. Esté alerta. A veces, aunque crea que no está, que se ha ido, sigue ahí. Y si cree lo contrario, es en ese momento cuando no está. Siempre debe desconfiar y al mismo tiempo confiarse con fe a Dios.

—Dora, buenos días, soy el padre Cándido, ¿cómo está?

—Padre, quería llamarlo, pero no me he atrevido.

—¿Qué sucede? Dígamelo sin problema.

—Se trata de Angelo. Ahora está en su habitación, sentado en la cama y encerrado en su silencio como siempre. Ayer por la tarde, apenas se fueron, se volvió loco. Habló de nuevo, es cierto, y esto es positivo. Pero esta vez me insultó como nunca lo había hecho en su vida. Me dijo que no me permitiría nunca más invitarlos a casa, que no quiere verlos, que le dan asco, que los odia. Gritaba como loco, con los ojos desorbitados. Nunca lo había visto tan agresivo. Después, pasada la borrasca, volvió a lo que era antes de que llegaran: mudo como un muerto, triste, pensativo.

—Dora, usted debe llamarme siempre, no debe temer molestarme. Ayer por la tarde su marido estaba disimulando.

—¿En qué sentido, padre? No entiendo.

—Desafortunadamente no tengo buenas noticias. Ayer su marido, cuando estuvo alegre con nosotros y era cortés, no se había curado mágicamente. Todo lo contrario. Él sufre de posesión diabólica. Ayer no era él el que fue tan amable, sino alguien que vive y obra dentro de él. Alguien que actúa independientemente de su voluntad. Lo sé, es absurdo. O mejor, parece absurdo. Pero es así.

—Pero yo... no entiendo. ¿Cómo puede ser posible esto? ¿Qué significa todo esto?

—Ahora es inútil preguntarse tantas cosas. Yo no sé cómo es posible que Angelo esté poseído. Pero es así. Yo creo que debemos simplemente programar unos días en los que yo y el padre Amorth vayamos a verlo. Oraremos con él, oraremos por él. Entre tanto, usted solo debe tratar de estimularlo. Intente hablarle. Es importante que el Angelo que conocemos retome poco a poco el dominio de sí. Debe luchar, tratar de hacer salir de él el mal que lo obstruye. Si su voluntad no se pone en movimiento, será difícil. Cuando el espíritu que posee a una persona logra hacerle simular de este modo un comportamiento como sucedió ayer por la tarde significa que hay una posesión plena, fuerte, arraigada. Pero una parte de él está todavía en guardia, consciente a pesar de todo. Debe solo hacerla salir poco a poco, hacerla emerger y hacer que comience a combatir contra el mal.

Dora se queda en silencio por unos instantes. También yo hago silencio, sentado, consternado cerca del teléfono donde el padre Cándido está hablando.

Dora no lo acepta:

—Pero padre, ¡Angelo siempre ha sido un gran creyente! Iba a misa todos los días, oraba, se confesaba... ¿cómo es posible ahora esto?

—No se puede decir nada al respecto, es difícil de explicar. Satanás no entra nunca en las personas en gracia de Dios. No puede ni siquiera acercarse a ellos. A menos que Dios permita esto en vistas a la santidad de la persona misma... Pero usted me comprende, me estoy atreviendo a decir cosas que no debería ni siquiera pensar. Yo creo que es más necesario actuar: usted, con tacto, intente hablarle. Nosotros en los próximos días lo volveremos a ver. Ojalá una tarde podamos cenar, así Angelo estará quizá menos propenso a sospechar que nuestra visista es por motivos –digámoslo así– exorcistas.

El padre Cándido baja el auricular e imparte una bendición rápidamente por teléfono, como si quisiera hacer llegar la bendición hasta la casa de los Battisti. Me mira serio a la cara y me dice: «Estoy preocupado por Angelo. También su amigo, el padre Pío, sufrió ataques repetidos del demonio, pero eran vejaciones, nunca hubo posesión. Aquí es distinto. ¿Cómo es posible? ¿Es de verdad posible que Dios permita estas cosas? Y si sí, ¿por qué? ¡Cuánto mal hay en el mundo si permite que un hijo suyo sufra semejantes cosas!...».

—Pero si de verdad está poseído significa que nadie está inmune...

—No, apreciado padre Amorth. Quien vive en gracia de Dios no debe temer nada. Esto es un caso único y misterioso. Dios tiene evidentemente un proyecto que sin duda no repetirá más que con respecto a unos pocos escogidos, los elegidos, diría yo.

—¿Qué proyecto?

—No lo sé. Pero tanto sufrimiento, si lo ofrece para su gloria, puede salvar un número inimaginable de almas.

El mal es un misterio insondable. Es una perversión tremenda el hecho de que cautive tanto a tantos hombres. Pero desgraciadamente es así. El hombre, demasiado a menudo, aunque está ante el bien, elige voluntariamente el mal. ¿Por qué? No sé explicarlo y nadie puede hacerlo. ¿Por qué Satanás se ha rebelado contra Dios? Es el misterio insondable de la libertad, la cual es un don precioso que Dios nos ha dado, pero si la usamos mal es un arma de doble filo.

En todo caso, en general se puede decir una cosa: a menudo hacemos entrar el mal poco a poco dentro de nosotros, casi de modo imperceptible. Pero al dejar aunque sea una pequeña fisura abierta, el mal entra cada vez con mayor fuerza y, sin que nos demos cuenta, rápidamente esa fisura se convierte en una puerta abierta de par en par. El diablo usa siempre esta táctica.

Por ejemplo, divide el matrimonio llevando al hombre contra la mujer siempre de modo progresivo. Al comienzo puede ser el enamoramiento hacia una tercera persona. El hombre o la mujer, en lugar de detener inmediatamente este sentimiento que perjudica su amor en cuanto ha sido querido desde siempre por Dios –¿qué puede haber más grande y noble que una fidelidad vivida en el nombre de Dios?–, se deleitan en ese enamoramiento: «¿Qué tiene de malo?», dicen. Pero después, poco a poco, dejan que esta tercera persona se vuelva cada vez más importante en su vida, tan importante que después no pueden separar el corazón de ella. «¿Cómo hago para dejarla si estoy tan enamorado?», me preguntan. «Creo que te parece imposible ahora –respondo yo–, ¡debiste pensarlo antes!».

O Satanás destruye la vida de un hombre con la droga, por ejemplo. Cuánta rabia me dan todos aquellos que hablan públicamente de la inocencia de fumarse un porro. No saben cuántos chicos han muerto por la droga después de haber empezado con «un simple porro de marihuana». La marihuana abre la mente a posibilidades ulteriores. Es un instante para pasar después a drogas más fuertes, así desafortunadamente no se requiere mucho para salir dañado, sin contar los perjuicios en la vida práctica, la vida de todos los días que un drogadicto sufre.

El mal es, pues, un misterio. Pero muchas veces el hombre se deja fascinar por él mientras, al menos al comienzo, bastaría tan poco para que esto no sucediera, para cerrar las puertas de inmediato y evitar daños posteriores.

Pronto me doy cuenta de que Angelo es un caso *sui generis*. No recuerdo otro caso similar al suyo. No recuerdo a otra persona que haya sido poseída a pesar de su gran vida de fe.

Dora está conmovida, devastada. Quisiera llamarla, confortarla, pero entiendo que es mejor para todos que sea el padre Cándido quien lidere el asunto. No dejará solo a su viejo amigo, pero al mismo tiempo es del todo consciente de que las cosas pueden ser resueltas solo por la voluntad de Dios. Somos nosotros los exorcistas quienes nos esforzamos por llevar un hombre a la liberación, es verdad. Pero es Dios quien libera. Es Él quien concede la gracia. Satanás es un adversario duro, acérrimo. Contra él se combate con oración y ayuno, pero al final es solo el poder de la sangre de Cristo el que vence.

Dora, mientras tanto, intenta poner en práctica las indicaciones que le ha dado el padre Cándido. Trata de hacer salir a su marido de su encierro, de hacerlo volver un poco en sí.

—Angelo querido –le dice una mañana–, ¿por qué no me hablas?

Angelo la mira y no le dice nada. Está, como siempre, confundido, como si viviera en otra dimensión.

—Angelo, te lo ruego, ¡vuelve en ti! ¿Te das cuenta de que todos los días durante todo el día no dices nada? Te quedas ahí, sentado en la cama, mirando el suelo. ¡O vas a la sala y durante horas miras por la ventana! ¿Esto es vida? ¡Menuda jubilación estás viviendo! ¡Y yo, que por años soñé este momento, ahora que ha llegado estoy obligada a vivir en casa con un loco que no habla y no dice nada de nada! Angelo, ¡dime por qué todo esto, dime algo!

Angelo se da a la fuga, de habitación en habitación, molesto. No quiere escuchar la voz de su mujer. No quiere oír sus justas recriminaciones. Quiere estar solo, solo en su tiniebla, encerrado en su mundo, encarcelado en su prisión.

—Angelo, soy tu mujer. ¡Ya basta! Dime: ¿por qué todo esto? ¡Dímelo, adelante!

Angelo no reacciona ni responde. Pero deja de huir. Se detiene en la ventana de siempre, en la sala. Observa el asfalto debajo de él. Parece aún ausente, perdido, inmerso en la nada.

Dora lo sigue. Sigue gritando. Después se acerca. Lo sacude. Ahora está furiosa: la tensión acumulada durante meses de sufrimientos, ahora ha decidido dejarla explotar. Grita, lo mueve, lo vuelve a sacudir, quiere una respuesta, quiere despertarlo, quiere nuevamente a su Angelo, el marido atento y afectuoso junto al cual ha sido tan feliz.

Y Angelo reacciona. Por primera vez después de tantos meses se da la vuelta y la mira a los ojos. Dora intuye de inmediato que ha removido algo, que su acción ha surtido efecto. Pero esos dos ojos, los ojos de su marido, esta vez no puede reconocerlos. Esos dos ojos nunca los ha visto. No son los ojos de Angelo.

Unos momentos de silencio, en el aire una tensión dramática.

Después Angelo habla. Y dice palabras que se graban con dolor y no sin causar una herida en el alma de Dora.

—Dora –dice–, yo no soy Angelo.

Estaré siempre con vosotros

Jesús acaba de hacer un gran milagro, la multiplicación de los panes y los peces. Pensemos en esta circunstancia. Una muchedumbre inmensa de cinco mil hombres, sin contar las mujeres y los niños, ha seguido al Maestro todo el día, atraída por sus milagros de sanación y por sus palabras.

Sin que nadie lo note, cae la tarde. Jesús sabe bien que la gente tiene hambre y que muchas personas han llegado de lejos. Ve claramente la dificultad en la que se encuentra esa inmensa multitud, el hambre, la sed, pero también la pobreza y las limitaciones de una vida difícil. Y he aquí el milagro: cinco panes y dos peces bastan para saciar a ese millar de personas, tanto que se pueden recoger las sobras en doce canastas.

La gente ve que los panes y los peces se multiplican en las manos de los apóstoles y está literalmente maravillada. De modo que los más audaces comienzan a glorificar en voz alta. Jesús se convierte para ellos en el Mesías y quieren compararlo con un rey. Además, quieren que sea su rey. Esto es lo que Jesús no quiere. Durante toda su vida ha seguido lo que nosotros llamamos «el secreto mesiánico»: Él ha escondido el hecho de que es el Mesías porque los judíos, incluso los doce apóstoles, estaban a la espera de un Mesías poderoso, como David, como Judas Macabeo, es decir, un comandante militar que los liberara de la esclavitud de los romanos y que hiciera resplandecer la gloria de Israel. En cambio, Jesús viene al mundo para redimir a la humanidad del pecado y del demonio, para derrotar la muerte y para reabrir las puertas del paraíso. Pero todo esto al precio de su pasión, muerte y resurrección. Todo esto al precio del sacrificio de su vida. He aquí por qué, como narra el Evangelio, Él manda callar a los demonios que lo proclaman Mesías. Y da la misma orden a sus apóstoles. Y huye cuando el pueblo lo exalta como gran liberador.

Lo que Jesús no esconde, sin embargo, es su divinidad, por la cual hace los milagros, perdona los pecados, se proclama Señor del sábado, tanto que no se cansa de repetir: «Si no creéis en mí, creed en mis obras».

Después del milagro, Jesús deja las multitudes y huye al monte a orar. Busca la soledad, el reposo y la concentración. Al día siguiente lo encontramos en Cafarnaún con los apóstoles en la apacible sinagoga. Y allí Él es alcanzado por un grupo de personas que el día anterior ha presenciado su milagro y que por ese motivo no puede mantenerse alejado de Él, no puede no buscarlo, no escucharlo hablar una vez más y no verlo actuar. Allí, en la sinagoga, Jesús comunica su discurso eucarístico fielmente referido en el capítulo sexto del evangelio de Juan. Escúchenlo bien, porque es un discurso que se acerca al absurdo, un poco como cuando ante los que le hacen notar la grandeza del templo, Él dice: «Destruidlo y yo lo reedificaré en tres días». ¿Quién puede imaginar que Jesús se refiere al templo de su cuerpo?

Dice el evangelio según san Juan, capítulo 6:

> «"Os aseguro que no me buscáis porque habéis visto milagros, sino porque habéis comido pan hasta hartaros. Procuraos no el alimento que pasa, sino el que dura para la vida eterna; el que os da el hijo del hombre, a quien Dios Padre acreditó con su sello". Le preguntaron: "¿Qué tenemos que hacer para trabajar como Dios quiere?". Jesús les respondió: "Lo que Dios quiere que hagáis es que creáis en el que él ha enviado". Le replicaron: "¿Qué milagros haces tú para que los veamos y creamos en ti? ¿Cuál es tu obra? Nuestros padres comieron

el maná en el desierto, como está escrito: *Les dio a comer pan del cielo*". Jesús les dijo: "Os aseguro que no fue Moisés quien os dio el pan del cielo; mi Padre es el que os da el verdadero pan del cielo. Porque el pan de Dios es el que baja del cielo y da la vida al mundo". Ellos le dijeron: "Señor, danos siempre de ese pan". Jesús les dijo: "Yo soy el pan de la vida. El que viene a mí no tendrá hambre, y el que cree en mí no tendrá sed jamás. Pero ya os he dicho que, aunque me habéis visto, no creéis. Todos los que el Padre me da vendrán a mí. Al que viene a mí no lo rechazo, pues he bajado del cielo no para hacer mi voluntad, sino la voluntad del que me ha enviado. Y esta es la voluntad del que me ha enviado, que yo no pierda a ninguno de los que él me ha dado, sino que los resucite en el último día. Pues es voluntad de mi Padre que todo el que vea al hijo y crea en él tenga vida eterna y yo lo resucite en el último día".

Los judíos criticaban a Jesús porque había dicho: "Yo soy el pan que ha bajado del cielo", y decían: "¿No es este Jesús, el hijo de José? Nosotros conocemos a su padre y a su madre. ¿Cómo dice ahora que ha bajado del cielo?".

Jesús les dijo: "Dejad de criticar. Nadie puede venir a mí si el Padre que me envió no lo trae, y yo lo resucitaré en el último día. Está escrito en los profetas: *Todos serán enseñados por Dios*. Todo el que escucha al Padre y acepta su enseñanza viene a mí.

Esto no quiere decir que alguien haya visto al Padre. Solo ha visto al Padre el que procede de Dios. Os aseguro que el que cree tiene vida eterna.

Yo soy el pan de la vida. Vuestros padres comieron el maná en el desierto y murieron. Este es el pan que baja del cielo; el que come de él no muere". "Yo soy el pan vivo bajado del cielo. El que coma de este pan vivirá eternamente; y el pan que yo daré es mi carne por la vida del mundo". Los judíos discutían entre ellos: "¿Cómo puede este darnos a comer su carne?".

Jesús les dijo: "Os aseguro que si no coméis la carne del hijo del hombre y no bebéis su sangre no tendréis vida en vosotros. El que come mi carne y bebe mi sangre tiene vida eterna y yo lo resucitaré en el último día. Porque mi carne es verdadera comida y mi sangre verdadera bebida. El que come mi carne y bebe mi sangre vive en mí y yo en él. Como el Padre que me ha enviado vive y yo vivo por el Padre, así el que me come vivirá por mí. Este es el pan que ha bajado del cielo; no como el que comieron los padres, y murieron. El que come este pan vivirá eternamente". Dijo todo esto enseñando en la sinagoga de Cafarnaún. Muchos de sus discípulos, al oírlo, dijeron: "Esto que dice es inadmisible. ¿Quién puede admitirlo?". Jesús, conociendo que sus discípulos hacían esas críticas, les dijo: "¿Esto os escandaliza? ¡Pues si vierais al hijo del hombre subir adonde estaba antes! El espíritu es el que da vida. La carne no sirve para nada. Las palabras que os he dicho son espíritu y vida. Pero entre vosotros hay algunos que no creen". (Jesús ya sabía desde el principio quiénes eran los que no creían y quién lo iba a traicionar).

Y añadió: "Por esto os he dicho que nadie puede venir a mí si no le es dado por el Padre". Desde entonces muchos de sus discípulos se volvieron atrás y no andaban con él. Jesús preguntó a los doce: "¿También vosotros queréis iros?". Simón Pedro le contestó: "Señor, ¿a quién iremos? Tú tienes palabras de vida eterna. Nosotros creemos y sabemos que tú eres el santo de Dios"».

Llegamos así a la Última Cena, a la despedida de Jesús de sus seguidores. Jesús ha hecho preparar con premura todo y no duda en confesar: «Tenía un gran deseo de consumar esta cena junto a vosotros». En cierto momento hace silencio. Jesús se concentra, toma el pan, lo parte, alza los ojos en oración y lo da a los apóstoles: «Tomad y comed todos: este es mi cuerpo ofrecido en sacrificio por vosotros». He aquí la revelación del misterio que estaba escondido en el gran discurso eucarístico: su carne reducida a pan.

Es difícil decir qué piensan los apóstoles mientras mastican lentamente aquel pedazo de pan ácimo que ya no es pan, sino cuerpo de Cristo. Las profundas palabras, pronunciadas con emoción, «mi cuerpo ofrecido en sacrificio», significan una oblación y una muerte. Efectivamente Jesús, dueño del tiempo, anticipa allí, sobre la mesa, ante los ojos atónitos de los apóstoles, aquella inmolación suya que tendría lugar al día siguiente. Pero, ¿los apóstoles qué entienden? Es imposible responder. No nos sorprendemos de esta primera misa que cada sacerdote repite todas las veces que celebra. En cada ocasión, el sacerdote hace presente sobre el altar ese único sacrificio acontecido hace dos mil años. Es un poder estupendo de Dios que vive en la eternidad y en el tiempo.

Durante 26 años fui a visitar al padre Pío a San Giovanni Rotondo. Un día me acerqué a él mientras hablaba con una señora anciana, una hija espiritual suya que también yo conocía. Esta pobre mujer, desolada por tantos dolores que el padre Pío conocía bien, se desahogaba: «Sé, padre, que no hay comparación entre mis sufrimientos y los del Señor. ¡Pero, a fin de cuentas, los sufrimientos de Jesús han durado tres horas!». El padre Pío la miró con actitud compasiva y le dijo: «¿No sabes que Jesucristo está en la cruz hasta el fin del mundo?». Ciertamente, al participar en la celebración de la misa del padre Pío se revivía la pasión de Cristo, él seguía fielmente las reglas litúrgicas sin añadir nada.

Pero volviendo a la Última Cena, que va culminando en una creciente intimidad después de la salida de Judas, poseído por Satanás. Era costumbre al final de la cena pasar una vez más el cáliz del vino. Los ojos están fijos en Jesús, que de nuevo parece concentrado como poco antes cuando consagraba el pan. Él toma el cáliz con las dos manos, dirige al Padre una oración y dice: «Tomad, bebed todos. Este es el cáliz de mi sangre para la alianza nueva y eterna, derramado por vosotros y por todos en remisión de los pecados. Haced esto en memoria mía». Ya no es vino, sino sangre, la sangre de Cristo, su sangre.

La primera alianza le fue entregada a Moisés en el monte Sinaí y se selló esparciendo la sangre de animales sobre el altar y después sobre el pueblo. Ahora Jesús establece una alianza nueva y eterna basada en su sangre, una alianza que convertirá a los creyentes no solo en hijos de Dios, sino también en partícipes de la naturaleza divina y destinados a poder contemplar a Dios cara a cara, tal como Él es. Es una sangre derramada por todos, para que todos alcancen la gracia de la salvación operada por Cristo, aun cuando muchos lo rechazarán. Y es una sangre derramada por la remisión de los pecados.

Reflexionemos sobre una escena del Apocalipsis, cuando el profeta ve una multitud inmensa de personas que no se puede contar; están todas vestidas con un traje blanco. Pregunta: ¿quiénes son estos hombres? Llega la respuesta: «Son aquellos que han lavado sus culpas en la sangre del Cordero».

Cuando nos confesamos, nos sorprendemos de la facilidad con la que somos absueltos. Sin embargo, debemos pensar a qué precio se nos concede el perdón de los pecados: el precio es la sangre de Cristo. Así Jesús instituyó el gran sacramento de la Eucaristía. Es un verdadero misterio de la fe esta transformación del pan en el cuerpo y del vino en la sangre, sin alterar la apariencia. Es así como el Señor ha podido realizar la promesa de cuanto había dicho: «Mi carne es verdadera comida y mi sangre es verdadera bebida».

A nosotros nos corresponde sacar provecho de ello. Como el maná durante cuarenta años fue el alimento que sostuvo al pueblo judío a lo largo de su peregrinación, así la Eucaristía es nuestro sustento en el camino de la vida. ¡Qué amor y qué riesgo! Un amor infinito, como demuestran una serie de innumerables e importantes milagros eucarísticos acontecidos por doquier. El libro *La hostia consagrada,* del padre Giuseppe Tomaselli, describe varios de tales misterios, algunos de los cuales se relatan a continuación.

El 6 de junio de 1453, la ciudad de Turín fue testigo de un gran milagro eucarístico; desde entonces es llamada la ciudad del Sacramento. En ese tiempo había unas guerras en la frontera con Francia. La ciudad de Exilles había caído en manos enemigas. Un hombre, ávido de riqueza, aprovechó para robar objetos de valor; entró en la iglesia, forzó el tabernáculo y tomó el ostensorio con la hostia consagrada; echó todo en el saco, donde tenía otros objetos robados, e hizo lo posible para huir con su borrico. Atravesó Susa y Rivoli, y después llegó a Turín; creía que había salido indemne. Eran las primeras horas de la mañana. Al llegar a la plaza de San Silvestre, el borrico cayó y no pudo volver a levantarse. El ladrón, temiendo ser descubierto, quiso reemprender el camino y empezó a golpear al animal para hacerlo poner de pie. De repente el saco se soltó, el ostensorio salió y empezó a elevarse en el aire. El ladrón escapó. El ostensorio, que se cernía en el aire, emanaba una luz especial, cada vez más creciente, similar a otro sol. Se avisó de inmediato al obispo de Turín, monseñor Ludovico de los marqueses de Romagnano. Este ordenó una procesión piadosa en la que participaron, además de los sacerdotes, las principales autoridades de la ciudad. Todos los presentes oraban; la emoción era grande. El obispo suplicaba a Dios para que el ostensorio descendiera; y entonces se abrió la custodia del vaso sagrado, la hostia luminosa permaneció en el aire y el ostensorio empezó a descender lentamente hasta el suelo. El obispo hizo llevar al lugar un precioso cáliz dentro del cual puso la hostia consagrada que nuevamente estaba en lo alto. La hostia comenzó después a bajar lentamente, dejando en el aire una estela luminosa, hasta que sola llegó al cáliz. El milagro había terminado.

He aquí un segundo milagro, contado por el padre Tomaselli. Una monja cisterciense, la beata Juliana, recibió una confidencia de Jesús mismo: «Deseo en mi iglesia una fiesta especial en honor de la Santísima Eucaristía». La beata le transmitió las palabras reveladas por Cristo a su confesor, el padre Jacques Pantaleon de Troyes. El sacerdote escuchó, pero no podía hacer nada para cumplir el deseo de Jesús. Dios, sin embargo, permitió que este sacerdote se convirtiera en papa y que como papa pudiera establecer una fiesta eucarística especial, que habría de celebrarse en todo el mundo. El Papa tomó el nombre de Urbano IV. Cuando sucede el hecho que voy a contar, él se encontraba en la Roca de Orvieto para liberarse de la opresión de Manfredo de Sicilia.

En aquel tiempo, un sacerdote de Bohemia estaba bajo el tormento de una fuerte tentación y por más que hiciera, no lograba liberarse. El demonio con frecuencia le sugería: «La consagración que tú crees llevar a cabo en la misa no es válida. La hostia que consumes cada día no es tu Dios». La tentación se agigantaba cada vez más, hasta que minó la salud del sacerdote. Este, sin saber a qué otro remedio recurrir, quiso hacer una peregrinación de Bohemia a Roma, para obtener la gracia con la intercesión de san Pedro y san Pablo. En el viaje hizo una parada en Bolsena y allí celebró la misa, precisamente en la iglesia de Santa Cristina. Consagró como siempre el pan y el vino. Después de la recitación del Padrenuestro, tan pronto partió la hostia, se dio cuenta de que los dos pedazos principales se habían convertido en carne y el tercero seguía siendo solamente hostia. Su estupor creció más cuando vio salir de la carne sangre viva en abundancia. El cáliz recibía la sangre y casi se colmaba. Tembloroso ante el milagro, recogió el corporal y tiñó de rojo las gradas del altar y el suelo de la iglesia. Guardó todo en un armario. Cuando supo que el Papa se encontraba en Orvieto, muy cerca de allí, fue rápidamente a su encuentro y le contó todo. Urbano IV le escuchó y ordenó al obispo de Orvieto que fuera a Bolsena a recoger las divinas especies. Cuando el obispo desplegó el corporal, encontró impresa con trazos de sangre la imagen del Ecce Homo, repetida veinticinco veces, como aún hoy se puede ver. Urbano IV se acordó de todo lo que le había dicho la beata Juliana muchos años antes y entonces estableció que todos los años, después de la Pascua de Pentecostés y de la Santísima Trinidad, se celebrara la fiesta del Corpus Christi, y él mismo la celebró por primera vez el 19 de junio de 1264.

Urbano IV convocó también un concurso para componer un himno eucarístico en el que participaron los más grandes teólogos de ese tiempo, entre ellos san Buenaventura y santo Tomás de Aquino. El himno de santo Tomás fue el mejor: *Pange Lingua,* que incluso hoy todo el mundo repite con fe, y termina con las dos estrofas del *Tantum Ergo*. Hoy la hostia convertida en carne y el corporal cubierto de sangre están dentro de un relicario, obra del artista Ugolino di Vieri da Siena. Para la fiesta del Corpus Christi, todos los años, en Orvieto se lleva en procesión el corporal a la iglesia de Santa Pudenciana. Para custodiar el corporal se construyó la espléndida catedral de Orvieto.

He aquí un tercer milagro. En Siena, como en distintas partes de Italia y del mundo, los hurtos en iglesias no son raros. Los ladrones saben bien que los vasos sagrados suelen ser de metal precioso y, por eso, a menudo intentan forzar el tabernáculo. El 14 de agosto de 1730 se efectúo un hurto sacrílego en la iglesia de San Francisco. Fue robada la píxide que contenía 350 hostias. Hechas las debidas investigaciones, se encontraron la cruz de la píxide y el conopeo. El arzobispo ordenó oraciones públicas de reparación por el ultraje hecho a Dios. El Señor se aseguró de que las hostias consagradas fueran halladas. Un monaguillo de la cercana iglesia de Santa María de Provengano vio en la cajita de las limosnas clarear algo; avisó a un sacerdote, y este, asegurándose de que en la caja estuvieran las hostias, creyó que se trataba de las hostias robadas en la iglesia de San Francisco y avisó al arzobispo. La caja fue abierta en presencia de muchos sacerdotes y por el mismo arzobispo y se encontraron trescientas cuarenta y ocho hostias con otros pequeños fragmentos.

Hasta aquí nada de prodigioso. El tiempo consume todo y las hostias, por lo general, pasado cierto período, se reducen a polvo. Desde hace más de dos siglos aquellas hostias se conservan y se mantienen inalteradas en el color, en el sabor y en la forma. Se han puesto en el mismo copón otras hostias sin consagrar; transcurrido el tiempo, se han encontrado pulverizadas. En 1914 se hizo otra investigación, en presencia de eminentes personajes, entre ellos el profesor Giuseppe Toniolo. Se pusieron otras hostias sin consagrar en una custodia de vidrio dentro del mismo copón. Hoy se pueden ver estas hostias desmoronadas ya, mientras las consagradas permanecen inmutables. El profesor Toniolo obtuvo el favor de recibir una de estas hostias prodigiosas.

Interrogado, respondió: «El sabor de la hostia es como el de una cocción fresca».

Fue santa Teresa del Niño Jesús quien dijo que, si en el mundo se creyera verdaderamente en la presencia viva de Jesús en el tabernáculo, todas las iglesias del mundo deberían estar llenas día y noche, tanto así que sería necesario solicitar la intervención de las fuerzas del orden para regular el flujo. Porque Jesús está verdaderamente allí presente. Lo prometió antes de irse: «Estaré con vosotros hasta el fin del mundo».

¿Qué sentido tiene no vivir para Dios? ¿Para qué sirve levantarse por la mañana, por la noche estar en la cama, y comenzar cada día la misma rutina, si no se sabe para qué se hace todo, por quién se hace cada cosa?

Esta es la pregunta que quisiera que Pascual y Fabricio respondieran antes que nada. Quisiera verlos seguros de su futuro, seguros de cuál es la esperanza en la que apoyan toda su existencia. En definitiva, quisiera verlos decididos por Cristo.

Quizá los exorcismos puedan, tarde o temprano, serles útiles. Quizá las oraciones repetidas con el tiempo podrán ayudarlos a liberarse de los demonios y volver finalmente a tener una vida normal. Pero si no comprenden que Dios es todo, ¿qué sentido tiene la liberación? ¿Qué sentido tiene estar mal, sufrir, o gozar, disfrutar de la belleza de la vida, incluso reír, si no se sabe que la verdad de todo es Dios, que se hizo hombre en Jesucristo? Díganme también, queridos lectores: ¿a quién le piden que los haga felices si no a Dios? ¿A quién confían sus problemas en su lugar? ¿Con quién creen que pueden reemplazarlo en su corazón? ¿De verdad piensan que puede haber algo en este mundo capaz, y al mismo tiempo digno, de sustituir su infinito poder? Son tontos, si de verdad piensan así: solo reconocer el poder de Dios es la raíz de la inmortalidad. Lo dice sin dudas el libro de la Sabiduría: léanlo y déjense cambiar por él. Léanlo verso a verso, sin afán, y dejen que Dios les hable y los ilumine a través de sus palabras. No existe otro poder semejante a Dios. Él, solo Él, Dios, puede llenarlos, satisfacer sus más profundos deseos, todos sus deseos, y nadie más puede hacerlo en su lugar. Los otros, lo sé, esos que no viven para Dios, aparentemente pueden darles mucho. Pero no es así. Se trata solo de apariencia, de futilidad, de un resplandor efímero, de ilusión. Como las estelas de las naves en el mar, las alegrías que no vienen de Dios pasan rápido y de ellas no queda ni siquiera el recuerdo.

Cristo, en cambio, es la verdad. El corazón de cada hombre está capacitado para reconocerlo si es sincero consigo mismo. También el de Pascual y Fabricio, pero es necesario que hagamos un recorrido juntos. Poco a poco, deben hacer regresar a Dios a su alma, gota a gota, paso a paso. Son raros los casos en los que Dios moldea un alma con su presencia «de un golpe». Por lo general es un ejercicio constante practicado por el hombre con silencio, ayuno y oración lo que permite a Dios invadir el alma. Día tras día, renuncia a renuncia, oración a oración. Cuanto más se pierde el hombre a sí mismo en favor de Dios, tanto más el Señor se convierte en su único bien, tanto más entra Dios dentro de él.

Otra vez estoy en la habitación donde hago los exorcismos, otra vez estoy con Pascual y Fabricio, mucha gente que ora por ellos, su madre Federica sentada un poco más atrás.

Mis palabras son fuego, el fuego del espíritu de Dios. Y, como todo fuego que se respete, quema. Para los dos poseídos, en efecto, mis palabras arden y dejan una señal que hace mal. Lo veo en su modo de sobresaltarse después de cada sílaba que pronuncio. Lo veo en su modo de babear mientras pido al Señor del cielo y de la tierra, Jesucristo, que descienda para esta que es la enésima batalla contra el gran enemigo.

> «Conmino a todo espíritu inmundo, a todo demonio, a todo invasor satánico: en el nombre de Jesucristo nazareno. Después de haber sido bautizado por Juan, Él fue conducido al desierto y te venció en tu propio terreno. Desiste de atacar a estos dos chicos que Jesús ha creado de la materia para su mayor honor y gloria. Tiembla de miedo no ante la fragilidad humana de un miserable hombre, sino ante la imagen de Dios omnipotente».

Los dos chicos están en trance, tiemblan unas veces suavemente, otras histéricamente, como si con una cadencia regular una descarga eléctrica de gran potencia atravesara su cuerpo sin que puedan hacer nada. Mis palabras pronunciadas en el nombre de Cristo dan miedo a quien se encuentra dentro de ellos. Lo siento claramente. Así que insisto.

«Ríndete ante Dios, que te ha ahogado a ti y a tu maldad en el faraón y en su ejército por medio de Moisés. Que te ha obligado a abandonar al rey Saúl con los cantos espirituales de su fiel siervo David. Ríndete ante Dios, que te ha condenado en Judas Iscariote, el traidor. Él, en efecto, te ha tocado con el castigo divino y tú, gritando, has exclamado: "¿Qué hay entre nosotros y tú, Jesús, Hijo del Dios Santísimo? ¿Has venido aquí para torturarnos?". Aquel que ahora te arroja a las llamas perpetuas dirá al final de los tiempos a Satanás y a sus ángeles: "Dejadme, malditos. Y entrad en las llamas eternas que han sido preparadas para el diablo y sus ángeles". La muerte es tu destino, blasfemo. Y una muerte sin fin espera a tus ángeles. La llama inextinguible está lista para ti y para tus ángeles, porque tú eres el príncipe de los homicidas malditos, el autor de los incestos, el jefe de todos los sacrilegios, el autor de las mayores impiedades, el maestro de los heréticos, el inventor de toda obscenidad. ¡Vete, pues, impío! ¡Vete, pues, criminal! ¡Vete con todas tus falsedades! Dios ha querido que el hombre sea su templo. ¿Por qué quieres quedarte más aquí? Honra a Dios Padre Omnipotente, ante quien toda rodilla se dobla. Cede el lugar a Nuestro Señor Jesucristo, que ha derramado su sangre por el hombre. Cede el lugar al Espíritu Santo, que por medio del santo apóstol Pedro te ha derrotado evidentemente en Simón el Mago, que ha condenado tu falsedad en Ananías y Safira, que te ha frustrado en el mago Elima dejándolo ciego. A través del apóstol Pablo te ha ordenado salir de la pitonisa. Vete, pues, de inmediato. Vete, seductor. Tu casa es el desierto, tu morada es la serpiente. Sé humillado y mortificado. No puedes esperar otra cosa. El Señor victorioso se está acercando rápidamente. Viene precedido por el fuego que devora a todos sus enemigos. Aunque engañes a los hombres, no puedes burlarte de Dios. Nada permanece oculto a sus ojos y Él te ha expulsado. Todas las cosas están sometidas a su poder. Te ha expulsado. Los vivos, los muertos y el mundo serán juzgados por Él con total discernimiento. Él ha preparado la *gehena* eterna para ti y tus ángeles, y vendrá a juzgar a los vivos y a los muertos y al mundo con el fuego».

Es difícil explicar cómo tales oraciones obran durante un exorcismo. Es difícil decir hasta qué punto Satanás, u otros demonios en su lugar, retroceden ante estas palabras. ¿Mucho? ¿Poco? No es fácil responder. Ciertamente hay un dato: cuanto más es espantado el diablo, más se enfurece. Los exorcistas no deben olvidar nunca que cuanto más fuerte sea la furia del poseído significa que más perturbado está el diablo. Los exorcistas no deben temer nunca; además porque –lo repito por enésima vez– no soy yo quien tiene miedo al diablo, es él quien tiene miedo de mí y de todos los que viven en Cristo Jesús.

Pascual se levanta de la silla a pesar de que tres de mis colaboradores están sobre él para mantenerlo quieto, para inmovilizarlo. Quiere agredirme. Tiene brazos fuertes y los puños cerrados. Está a un paso de mí cuando los tres, de algún modo, logran detenerlo. Su fuerza es brutal, convencida, imposible detenerlo si no es con la ayuda de más personas. Sus ojos transmiten odio, el odio ciego, puro, el odio del demonio.

—Bastardo, ¿qué quieres de mí? –me pregunta gritando.

Y yo pienso en Jesús. En los improperios que Satanás le ha dirigido cada vez que ha liberado a un poseído. Pienso en cómo Jesús ha sabido domarlo, tenerlo a raya, vencerlo con la fuerza de su enorme poder. ¡Cuán grande era la fe de Cristo en el Padre! Con un solo gesto de la mano conseguía liberar a los poseídos, ordenar a Satanás que se fuera. ¿Qué exorcista, qué sacerdote u obispo es capaz de hacer lo mismo? ¿Quién tiene una fe similar como para poder imitarlo?

—Yo no me voy –respondo–. Estoy aquí en el nombre de Jesucristo. Y te conmino: dime, ¿quién eres? ¿Por qué estás aquí?

Un rugido. Tanto Pascual como Fabricio responden rugiendo como si fueran leones. Quien sea que esté dentro de ellos puede imitar las voces de los animales más salvajes. Pero también voces que no sé explicar exactamente a quién pertenecen. Parecen provenir de un mundo que no existe, un mundo de muerte y desolación, un mundo animal, salvaje y rebelde, lejano a años luz, pero al mismo tiempo terriblemente cercano.

Repelo los ataques de este mundo sosteniendo entre mis manos una pequeña cruz con la medalla de san Benito incrustada en el interior. Uso también el agua bendita, que es como una ola de agua hirviendo para los dos poseídos. Y me ayudo mostrando los dos extremos de mi larga estola morada. Y después vuelvo a orar, permanezco indiferente a los insultos de los dos. Permanezco aferrado a Cristo y a su presencia: todo lo demás no cuenta para mí. El calor, el frío, los insultos, el sentimiento de muerte, todos los trucos que los espíritus malignos son capaces de producir para distraerme y confundirme nada son para mí. Yo soy de Cristo y todo lo puedo en Él.

A veces las oraciones de exorcismo salen de mi boca por sí solas, sin que yo siga directamente las páginas del manual. Obviamente, en mi opinión, el manual de los exorcistas nunca debe ser menospreciado, pero mientras se recita se puede «divagar» dando órdenes a los poseídos o también invocando la intervención de los santos.

> «Exorcizamos todo espíritu inmundo, todo poder satánico, toda infestación del enemigo proveniente del infierno, toda legión, toda congregación, toda secta satánica. ¡En el nombre y con la autoridad conferida por Nuestro Señor Jesucristo! Vete para siempre y huye lejos de la Iglesia de Dios y de las almas creadas a imagen y semejanza de Dios y rescatadas con la sangre preciosa del Cordero divino. No oses, astuta serpiente, engañar más a la raza humana, perseguir a la Iglesia de Dios como escoria. Te lo ordena Dios Altísimo, es a Él a quien en tu insaciable orgullo has querido emular. Él desea que todos

los hombres sean salvados y se den cuenta de la verdad. Dios Padre te lo ordena. Dios Hijo te lo ordena. Dios Espíritu Santo te lo ordena; Verbo eterno de Dios hecho como Aquel que ha destruido tu odiosa envidia contraria a la salvación de nuestra raza, Aquel que se humilló con la obediencia hasta la muerte, Aquel que construyó su Iglesia sobre una sólida roca y que ha predispuesto las cosas de modo que el poder del infierno nunca prevalecerá sobre la Iglesia, Aquel que permanecerá con su Iglesia por todos los días hasta el fin del tiempo humano. El sacramento de la cruz te lo ordena. La virtud de todos los misterios de la fe cristiana te lo ordena. La madre de Dios, madre Virgen, la más excelsa de las criaturas te lo ordena. Esta, aunque humilde, ha pisoteado con su pie tu cabeza desde el primer instante de su Inmaculada Concepción. La fe de los santos apóstoles Pedro y Pablo, y de todos los apóstoles te lo ordena. La sangre de los mártires y la pía intercesión de todos los santos te lo ordenan. Por tanto, serpiente maldita y toda legión de Satanás, nosotros te conminamos, para evitar graves penas, por medio del Dios viviente, por medio del Dios verdadero, por medio del Dios santo, por medio de Dios que amó tanto al mundo que dio a su único Hijo para que todos los que crean en Él no perezcan, sino que puedan gozar la vida eterna: ¡deja de hacer el mal a la Iglesia y de tender trampas para la libertad de la Iglesia! ¡Vete, Satanás! ¡Inventor y maestro de toda mentira! ¡Enemigo de la salvación humana! Cede paso a Cristo, en quien no has podido encontrar ninguna huella de tus obras. Cede paso a la santa Iglesia católica y apostólica, que Cristo mismo ha creado con su propia sangre. Quédate humillado por la potente mano de Dios. Tiembla y huye cuando el santo inexorable nombre de Jesús sea invocado por nosotros. Él hace temblar los infiernos y a Él están sometidas todas las potestades y virtudes y dominaciones del cielo. Y los querubines y los serafines cantan perennemente sus alabanzas diciendo: ¡Santo! ¡Santo! ¡Santo! ¡El Señor Dios de los ejércitos!».

No estoy desprevenido. Antes de comenzar estas oraciones, le pedí a Federica que mandara hacer a sus hijos exámenes médicos precisos. A menudo, en efecto, hay personas que creen estar poseídas pero no lo están. Sufren de paranoia, síndrome de epilepsia de Huntington, dislexia u otras cosas, en otras palabras, sufren de patologías más o menos graves que nada tienen que ver con la posesión ni con el diablo. Son enfermedades provocadas por causas naturales. Después de un exorcismo suelo tener la certeza de si una persona está poseída o no. Así fue con Pascual y Fabricio. Pero en su caso, como en todos los demás, he querido de todos modos solicitar los exámenes médicos. Y los resultados de Pascual y Fabricio han sido todos negativos. Efectivamente, no tienen nada, no están enfermos. Simplemente están poseídos.

Sé, pues, contra quién dirijo estas oraciones. Sé la rabia que provoco. Sé qué estoy arriesgando. El exorcismo ya ha empezado. Y no podrá concluirse hasta que no haya un vencedor y un vencido. O venzo yo y Satanás (y sus espíritus sometidos) pierde, o viceversa. Ahora es tiempo de seguir orando, pero también de comenzar a hacer preguntas.

—¿Quién eres tú que atormentas a estos dos jóvenes? ¿Quién eres? ¿Quiénes sois? ¡Dímelo en el nombre de Cristo!

El aire se hace pesado, una capa que oprime la cabeza de todos los presentes. Los dos están cada vez más agitados, parecen dos caballos salvajes retenidos en una jaula antes de que la puerta de la caballeriza se abra para empezar una impetuosa carrera desbocada. Resoplan, largas respiraciones con la nariz expandida como si cada vez inspiraran litros de aire y después lo escupieran. Babean, esputan y, de tanto en tanto, insultan. Pero yo no cedo. Es más, insisto.

—Ya estamos aquí. Habéis sido descubiertos. ¡Salid, habladme y decidme quiénes sois!

Finalmente, Fabricio, que hasta ahora ha sido más silencioso que Pascual, habla. No es su voz. Es una voz de mujer, ronca y profunda.

—Te gustaría saberlo, ¿verdad? ¡No te lo diré nunca!

—¡Responde en el nombre de Cristo! ¿Quién eres?

—¡Basta, cura! ¿Qué quieres de mí? ¡Me das asco, tú y

todas las personas que están aquí! Yo no existo. Yo no estoy aquí. Y tú no sabrás nunca quién soy. ¡Yo huyo y tú nunca me tendrás!

Palabras inconexas, lanzadas así para confundir. Pero yo repito la pregunta.

—¿Quién eres? ¿Por qué estás aquí? ¿Por qué atormentas a estos dos chicos? ¡Habla, te lo mando, que no tengo tiempo que perder! Habla en el nombre de Cristo.

—Pero sí que tienes tiempo que perder. Estás aquí y estás allí, estás arriba y estás abajo. Estás siempre molestándome, todos los días, gente que va a buscarte y tú que oras. ¡Todo lo contrario! ¡Es evidente que tienes mucho tiempo libre!

Lo escucho y no lo escucho. Sé que no debo prestar mucha atención a lo que dicen los poseídos durante el exorcismo. A menudo son palabras dichas al azar, precisamente para confundir. No se necesita encontrarles siempre un sentido lógico. Es necesario, en cambio, desenmascarar al diablo o los diablos poco a poco, esperando el momento justo. Son ellos los que están en dificultad, no yo.

Tengo conmigo el agua bendita. La asperjo cuando veo a mis colaboradores un poco agobiados. Han pasado ya dos horas y los poseídos no dan señales de querer ceder, ni de retroceder quien está dentro de ellos. Siguen moviéndose con gran fuerza. No es fácil responder con las mismas energías. Asperjo el agua sobre los dos y por algunos minutos interrumpo las preguntas. Tan pronto como ven el hisopo levantado en el aire, listo para dejar salir unas gotas de agua hacia ellos, ambos retroceden asustados, o más bien, aterrorizados. Unas cuantas gotas son como aceite hirviendo lanzado sobre su piel. El agua golpea sus vestidos, pero es como si no estuvieran vestidos. Gritan de dolor. Lloran como niños. Sufren como si estuvieran a punto de morir. Mis preguntas los han irritado mucho. Así que es oportuno ahuyentarlos un poco más. Y mientras lanzo el agua aprovecho para otra breve oración.

«Dios Padre, Señor Jesucristo, invoco tu santo nombre, te suplico y te pido: dígnate darme fuerza contra este y cualquier otro espíritu inmundo que esté atormentando a esta criatura tuya. Por el mismo Señor Jesús».

Después vuelvo a preguntar:

—¿Por qué estáis aquí? ¿Quiénes sois? ¿Qué queréis? Debéis dejar en paz a estos dos chicos, son hijos de Dios y no os pertenecen. ¡Volved al infierno, de donde habéis salido, volved a vuestro reino de muerte, no hay espacio para vosotros aquí!

—No sabes nada, cura, aquí hay un pacto, aquí hay una consagración... Nosotros hemos sido llamados.

—¿Vosotros, quiénes? ¿Quiénes sois? ¿Quién os ha llamado? ¿Y de qué pacto habláis?

—¿Sabes qué significa la palabra consagración? Tú no sabes nada: una consagración en su tierra, allí donde viven.

Sé bien qué significa cuando los diablos usan esta palabra: *consagración*. Significa con toda probabilidad que ha habido una misa negra, alguien ha consagrado a estos dos chicos a Satanás o ellos se han consagrado voluntariamente a él. Esta es una de las posesiones más terribles porque de algún modo hay de por medio un acto libre de la voluntad.

Las misas negras, las verdaderas, no son convocadas por casualidad, descuidadamente. Se trata, más bien, de círculos estructurados y bien organizados, gente que voluntariamente se vende a Satanás y busca adeptos que, a su vez, hacen lo mismo. A menudo son círculos donde se hacen orgías, se tiene sexo todos juntos, todos copulan con todos, y se hallan también personas que han de ser consagradas. En los casos extremos se encuentran incluso personas que serán asesinadas con derramamiento de sangre y ritos terribles, a decir verdad. O se trata de simples consagraciones: quien se consagra vende su vida al demonio para que haga con ella lo que quiera.

No se piense que estas misas negras, estas consagraciones, se hacen necesariamente en iglesias profanadas un poco en ruinas, entre gente poco recomendable que frecuentemente se encuentra al margen de la sociedad. No, a menudo los que conducen estas misas, y también los que participan en ellas, son personas de buena educación, pudientes, gente que a primera vista parece de fiar, distinguida. Es un hecho: los verdaderos satánicos son personas poco sospechosas. Y precisamente porque no generan sospecha, logran convencer a otras personas de que se vendan como ellos a Satanás. Te muestran los lugares donde se encuentran, las mujeres sensuales, disponibles, listas para tener sexo de cualquier modo. Y también a las mujeres les muestran hombres atractivos, deseosos de tenerlas. El ambiente es perfumado, la gente va bien vestida. Son lugares que atraen, después de todo. Pero es una atracción que después tiene su precio, un precio terrible, porque quien está con Satanás se dirige hacia un precipicio que poco después empieza inexorablemente a descender. Es un pozo oscuro, infinito, en el cual se entra y del cual cada vez es más difícil salir.

Gracias a las preguntas hechas en el nombre de Jesucristo, los que están dentro de los cuerpos de Pascual y Fabricio me han abierto un camino que recorrer. Primero comprendo que hay más demonios. En segundo lugar, comprendo que hay un motivo grave por el cual los dos están poseídos: una misa negra, una consagración que los demonios definen como voluntaria. Puede muy bien darse el caso de que estos dos chicos no recuerden dicha consagración. Es probable que la hayan recibido de pequeños y que, por tanto, el acto voluntario no haya sido necesariamente suyo, sino de alguien cercano a ellos.

Debo apremiarlos, aprovechar el momento, insistir asestando los golpes precisos.

—Entonces, ¿qué es lo que ha sucedido? ¿Cómo es esta historia de la consagración?

Alzo la voz, aprieto la cruz, trato de imponerme sobre los dos, pero estos, sin embargo, vuelven a murmurar frases inconexas. Es evidente: intentan resistir, no hablan, sino que producen ruidos extraños.

—En el nombre de Cristo, decidme: ¿qué es lo que ha sucedido?

Esta vez es Fabricio el que cede. Mientras Pascual permanece un poco aturdido, con la cabeza girada ligeramente hacia atrás, su hermano me mira y con voz calmada pero cavernosa me dice palabras que me hielan la sangre:

—Pregúnteselo a ella.

Miro en la dirección en la que me invita a mirar aquel que posee a Fabricio. A pocos metros de mí hay una silla vacía. Allí estaba sentada hasta hace pocos instantes la madre de los dos, Federica. Una de mis asistentes trata de llamar mi atención con amplios gestos. Federica está de pie, al fondo de la habitación, tiene una mano apoyada en la pared. Está vomitando. Pienso que la ha impresionado mucho ver a sus hijos así en trance. A menudo sucede que amigos y parientes que acompañan a un poseído a un exorcismo se asustan. Es normal. No son escenas fáciles de digerir. Por el contrario, suelen ser escenas duras, fuertes, difíciles.

Me acerco y le pregunto:

—¿Señora Federica, quiere salir? ¿No se siente bien?

Y en ese momento ella levanta la cabeza y, con voz cavernosa, me responde sorprendiéndome una vez más:

—¿Cura, no has entendido aún? Tú no sabes quién soy.

El Cristo total

Mientras Jesús habla a la muchedumbre, le avisan de que su madre y sus parientes han llegado. Jesús extiende las manos hacia sus discípulos y dice: «Estos son mi madre y mis hermanos. Quien haga la voluntad de mi Padre que está en los cielos, ese es mi hermano, hermana y madre».

Es una declaración importante porque Jesús no reniega de su madre, sino que, más bien, por primera vez manifiesta la voluntad de fundar una nueva familia más unida a Él que solo por los lazos de sangre, una familia basada en hacer la voluntad del Padre como Él hace y como Él ha predicado. Él funda la Iglesia, el nuevo pueblo de Dios, no como cualquier otra fundación humana que está desvinculada del fundador aunque este la dirija. Jesús ve la Iglesia como una prolongación de su persona: «Permaneced en mí y yo en vosotros; yo soy la vid y vosotros los sarmientos. Si un sarmiento se desvincula de la vid es bueno solo para ser quemado. Quien permanece en mí y yo en él, en cambio, da mucho fruto». Es por esto, por estas palabras, que solemos decir que Cristo es la cabeza y que la Iglesia es el cuerpo.

La Iglesia es un misterio. Vive en el mundo abiertamente, visible a todos. Sin embargo, su acción es ante todo espiritual y puede ser comprendida solo con los ojos de la fe. Su alma es el Espíritu Santo; ¿acaso no es misteriosa un alma? Su sustento es la Eucaristía; ¿no es este el gran misterio de la fe? Quien mira a la Iglesia fijándose solo en sus acciones externas, no puede comprenderla: ella está hecha de hombres y tiene los defectos de los hombres. Sin embargo, su actividad principal es una acción de gracia: hacernos semejantes a aquel que ha dicho: «Aprended de mí, que soy manso y humilde de corazón», Cristo. Y aún más: «Os he dado ejemplo para que lo que yo hago lo hagáis también vosotros». Y finalmente: «Amaos los unos a los otros como yo os he amado». Y, en efecto, Él ha dado su vida por nosotros.

La Iglesia es un gran complejo de pueblos a nivel internacional. No es posible que se esconda, se aísle del mundo. Tiene sus representantes según los tiempos y las costumbres. Tiene contactos con las otras realidades políticas, sociales, económicas. Pero quien mira solo hacia estas cosas, no la comprende bien. Antiguamente tenía un Estado que era administrado como todos los otros. En esa época, los Estados se defendían con tropas mercenarias y también la autoridad religiosa tenía sus tropas mercenarias. Pero quien cree que conoce la Iglesia y que puede criticarla basándose en hechos externos, actos humanos cometidos por personas humanas que pueden equivocarse, actos cometidos en épocas históricas diferentes, no ha comprendido nada y no comprende nada de lo que es verdaderamente la Iglesia.

Igualmente, no hay duda de que, además de la acción espiritual, la obra de la Iglesia en el campo social ha sido y es extraordinaria. En primer lugar por los pobres, por la educación (muchísimas escuelas han surgido por iniciativa eclesiástica), por los enfermos (casi todos los hospitales han surgido por impulso eclesial), por la cultura (literaturas enteras como la grecorromana han llegado a nosotros porque han sido conservadas por los monjes y sus extraordinarias bibliotecas), por el arte (¿qué hay comparable con las grandes catedrales, la pintura, las esculturas, los mosaicos de tema religioso?). La Iglesia, con su política de no violencia, de paz, de amor, ha contribuido decididamente a la casi desaparición de la esclavitud, a la exaltación de la mujer, etc. Porque no cabe duda de que un fundamento del cristianismo es afirmar que somos hijos de Dios y debemos convivir, ayudarnos, amarnos como hermanos y hermanas. ¿Qué puede haber más revolucionario?

¿Cuál ha sido el método gracias al cual la Iglesia se ha extendido, se ha difundido en el mundo? Pensemos en las últimas enseñanzas dadas por Jesús a los apóstoles. Escribe Lucas, capítulo 24:

> «Así estaba escrito que el Cristo tenía que sufrir y resucitar de entre los muertos al tercer día, y que hay que predicar en su nombre el arrepentimiento y el perdón de los pecados a todas las naciones, empezando desde Jerusalén. Vosotros sois testigos de estas cosas. Sabed que voy a enviar sobre vosotros lo que os ha prometido mi Padre. Vosotros, por vuestra parte, permaneced en la ciudad hasta que seáis revestidos de la fuerza de lo alto».

Así pues, el primer deber de los apóstoles es ser testimonios de la resurrección de Cristo, pues ella es el fundamento sobre el que se basa nuestra victoria sobre la muerte y el acceso al cielo. No se va al paraíso si no es con el alma limpia de toda culpa, por lo cual es necesario el perdón de los pecados. Jesús ha dado este poder a los apóstoles diciéndoles: «A quienes les perdonéis los pecados, les serán perdonados, y a quienes se los retengáis, les serán retenidos». Y el evangelio de Marcos dice: «Jesús les dijo: "Id por todo el mundo y predicad el Evangelio a toda criatura. Quien crea y sea bautizado se salvará, pero quien no crea se condenará"».

Aquí es muy claro el mandamiento de Jesús de predicar el Evangelio. La consecuencia de esto es, en primer lugar, el bautismo que perdona el pecado original, que da la gracia santificante, es decir, hace partícipes de la naturaleza divina e incorpórea de Cristo y de la Iglesia. Al quitar el pecado original, Cristo nos libera del poder del maligno y nos da la libertad propia de los hijos de Dios. Gracias a Jesús nos convertimos en hijos de Dios. Basta con aceptar el bautismo, el sacramento que nos hace sus hijos. Cuán insensato es, entonces, derogar la partida de bautismo argumentando que es una imposición injusta. No es imposición, sino un acto de amor. Los padres, al bautizar a sus hijos, buscan darles lo mejor. Si después una persona, cuando llega a ser adulta, siente realmente ganas de «desbautizarse», como se dice, si quiere retirar su partida de bautismo y hacerla pedazos, no tendrá ningún obstáculo. Solo perderá voluntariamente un don inmenso. Dice Jesús: «Quien no crea, se condenará».

Todos los que han sido alcanzados por el mensaje del Evangelio de un modo eficaz tienen una gran responsabilidad: la de acogerlo y vivirlo durante toda su vida. Y esto solo es posible con una continua profundización en el Evangelio mismo. Escribe Mateo: «Id, pues, y haced discípulos a todas las gentes bautizándolas en el nombre del Padre y del Hijo y del Espíritu Santo, y enseñándoles a poner en práctica todo lo que yo os he mandado. Y he aquí que yo estoy con vosotros todos los días hasta el fin del mundo».

Aquí encontramos otras importantes especificaciones. Además de repetir que hemos de ir al mundo y predicar, se precisa que el bautismo sea dado en el nombre de la Santísima Trinidad, para distinguirlo claramente del bautismo de Juan y de otras prácticas similares.

Añade además que los apóstoles deben enseñar a observar todo lo que Jesús ha dicho. Es decir, que el bautismo es un comienzo que nos hace cristianos, pero después es necesario vivir como cristianos siguiendo los ejemplos y las enseñanzas de Cristo. No basta ser bautizados, es necesario después conformar la propia existencia a Cristo para descubrir sus dones y dar frutos. Por eso no parece muy difícil la exhortación de Jesús que se cierra con una promesa: «No estáis solos, yo estoy siempre con vosotros».

Me he detenido en estas últimas disposiciones de Jesús porque nos dan el sentido más profundo de lo que es la Iglesia y de lo que deben hacer los cristianos –todos los cristianos, sacerdotes y laicos– para ser tales. El cristianismo es por naturaleza misionero: ha de ser predicado a todo el mundo. Los cristianos son, en efecto, los que con su vida de testimonio hacen comprender que es posible y fácil vivir como Jesús quiere. Este es el secreto que los cristianos enseñan. Por eso, veo la acción profunda de la Iglesia en la obra de los párrocos, de los sacerdotes, de cuantos se dedican a obras de apostolado, de los que dirigen grupos de oración, de cuantos viven de Cristo en sus sencillas o complicadas horas cotidianas. Veo la Iglesia en el precioso trabajo de los misioneros, en los que dejan todo por ir donde los más pobres, los últimos. Veo la Iglesia en todas las obras del voluntariado. Pero de esta obra desafortunadamente los periódicos y los telediarios no hablan nunca. Hablan, sin duda, si pueden hablar mal, de los sacerdotes y del Vaticano.

Sí, el Vaticano. Es desde el Vaticano que parto para decir una cosa increíble. Jesús ha dado una cabeza a su Iglesia:

> «Y yo a mi vez te digo que tú eres Pedro, y sobre esta piedra edificaré mi Iglesia, y las puertas del Cielo no prevalecerán contra ella. A ti te daré las llaves del Reino de los cielos; y lo que ates en la tierra quedará atado en los cielos, y lo que desates en la tierra quedará desatado en los cielos».

Basta leer los Hechos de los Apóstoles para ver cómo san Pedro tomó la iniciativa de guiar a la Iglesia y por eso fue reconocido siempre en el primer puesto. Después de san Pedro, varios pontífices han venido, muchos se han convertido en mártires como él. Hay, pues, toda una larga historia que llega hasta nosotros y que dice que el Papa siempre ha sido el garante de las verdades enseñadas por la Iglesia.

Me gusta llegar a los últimos tiempos, a los que nosotros vivimos y de los cuales somos testigos. No puedo olvidar al papa Pablo VI, que dio comienzo a los grandes viajes internacionales. Él inició un nuevo modo de ser papa: ya no son los papas encerrados en el Vaticano, sino abiertos para el encuentro con los pueblos. Y este hecho ha mostrado una realidad que tal vez estaba latente, pero que debía expresarse al exterior: la extraordinaria sensibilidad que todos los pueblos tienen hacia la figura del papa. Recuerdo especialmente la sorpresa de Pablo VI en su viaje a la India: no se esperaba encontrar personas tan entusiastas en una nación en la que los católicos son muy pocos.

Juan Pablo II no se quedó atrás. Es más, su largo pontificado favoreció la multiplicación de los viajes apostólicos. Tanto que se originó un chiste: «¿Qué diferencia hay entre el Padre Eterno y Juan Pablo II? Que el Padre Eterno está en el cielo, en la tierra y en todo lugar, y Juan Pablo II... ya estuvo allí».

No menos significativos son los viajes de Benedicto XVI. También él se sorprendió por las increíbles muchedumbres que lo acogieron en cada país durante sus visitas. Recuerdo, por ejemplo, el viaje de septiembre de 2010 al Reino Unido. Hay que señalar que el cisma anglicano, a diferencia de todos los demás, no surgió por diferencias doctrinales, sino solo para separarse de la persona del papa. Y por esto se decía que Benedicto XVI encontraría allí frialdad, por no decir hostilidad. Pero no, encontró todo lo contrario. La hostilidad, si la había, era de parte del mundo de los medios y de la cultura, no del pueblo.

¿Pero quién es el papa para los pueblos? Es un hombre que no tiene ningún poder, ni militar ni político ni económico. ¿Quién es entonces? Santa Catalina de Siena lo definía como «el dulce Cristo en la tierra».

Yo solo sé que Jesús hablaba de alcanzar una humanidad que fuera una única grey dirigida por un solo pastor. Las multitudes en las que acuden los pueblos a la figura del papa es quizá una señal de que esta meta indicada por Jesús realmente es posible. Él es Cristo en la tierra. Por eso es seguido y a él se debe obediencia, porque siguiéndolo y obedeciéndole se tiene la garantía de que se está siguiendo a Cristo y obedeciéndole a Él.

La casa de Angelo nos acoge amorosamente. Dora, en efecto, ha preparado todo para nuestra llegada. No hay nada que haga pensar que además de Angelo y Dora haya un tercero incómodo: Satanás o alguien en su lugar.

Angelo está bien vestido, bañado, perfumado, sonriente

y locuaz. Dora nos ha hecho saber por teléfono que hasta el día anterior estaba muy mal. Es más, estaba muy irritado por nuestra visita. Encerrado, silencioso, a menudo lo escuchó dar golpes contra la pared, tal vez una manera de descargar la rabia, y repetir varias veces: «¿Qué queréis de mí? ¿Qué queréis?».

Nos sentamos en la cocina, en una mesa grande preparada de modo impecable. No falta el vino, la tarde está alegre.

—Padre Cándido –dice Dora–, ¿quiere dar una bendición antes de comenzar?

—Seguro –responde él.

Yo observo a Angelo. No se altera lo más mínimo ante el padre Cándido. Es más, cierra los ojos por unos instantes y, mientras el sacerdote exorcista de Roma pronuncia la fórmula de bendición, también él se persigna con grandes movimientos de los brazos: en el nombre del Padre y del Hijo y del Espíritu Santo. Parece absorto en la oración, concentrado, decidido a dar al momento la solemnidad que merece. Tal vez demasiada solemnidad, a decir verdad. Pero, por lo demás, él ha sido siempre una persona particularmente devota. ¿Por qué asombrarse precisamente hoy, entonces?

Quiero ser sincero: a pesar de las palabras del padre Cándido, todavía me cuesta creer que Angelo esté realmente poseído. Me parece imposible. Si es verdad que está poseído, también es verdad que ha adquirido una capacidad de autocontrol realmente notable.

El padre Cándido me lo ha dicho muchas veces: «La de Angelo no es una actitud que le debe sorprender. Muchísimas posesiones permanecen latentes, escondidas a todos durante años. Parece increíble, pero es así. Al diablo, cuando posee un cuerpo, no le gusta mostrarse porque sabe bien que si es descubierto, se arriesga mucho, se arriesga a tener que abandonar la madriguera que se ha creado, se arriesga a la expulsión. Y lo que quiere es todo lo contrario, quiere permanecer donde está porque quiere llevar a esa persona a la destrucción, quiere quedarse porque en la mayor parte de los casos ha sido llamado directamente por aquel a quien posee, ha respondido a una invitación, en suma. Además, aunque la persona cambie de opinión, él ya no quiere ceder. El diablo actúa así: conquista a las personas y, una vez conquistadas, piensa que deben ser suyas para siempre, cree que son suyas y de nadie más. Y hace todo lo necesario para mantenerlas a su lado».

Solo más adelante me daré cuenta de que el padre Cándido tenía razón. En efecto, ¿cuántos poseídos no he podido liberar durante mi vida? No pocos. Y muchos de estos simulaban; es decir: estaban poseídos, pero ante mí se comportaban como si no lo estuvieran, trataban de hacerme creer que todo estaba bien.

Dora sirve en la mesa un cordero con patatas al horno. Con vino tinto acompaña esta excelente cena. Para ella es un momento de reposo después de días difíciles. Pero es un reposo aparente. Ella sabe que él, su marido, está disimulando. Y sufre terriblemente por este engaño.

El padre Cándido, en cambio, está tranquilo. No parece tener la más mínima intención de presionar a Angelo, es decir, de empujar a quien habita dentro de él a salir al descubierto. Conversa con él sobre varios temas y, en cierto momento, le pide que le cuente cosas sobre el padre Pío, cómo vivía, lo que decía. Es una manera de hablar de espiritualidad, de santos y de demonios, sin afrontar el tema de frente. Y, en efecto, Angelo muerde el anzuelo y empieza a hablar.

Lentamente el padre Cándido cierra el círculo y llega a preguntarle sobre la batalla del fraile de Pietrelcina contra Satanás.

—Angelo, dime, ¿que decía el padre Pío de las continuas vejaciones que le hacía el demonio?

Angelo no está nervioso. Su rostro está tranquilo, lúcido, sereno. Habla amablemente, seguro de sí, sin vacilar.

—Oh, sufría mucho. Pero no se preocupaba. Decía que los ataques, las violentas palizas que recibía durante la noche, los golpes que sufría, le servían para crecer en humildad.

—Cierto, no es fácil vivir en estrecho contacto con ciertas presencias...

—No, no lo es, creo también yo. Pero en realidad él no le prestaba demasiada atención.

—Cuéntanos un poco sobre él: ¿cuándo comenzaron estas perturbaciones por parte del demonio?

A Angelo se le aclara la voz. Parece contento de poder divagar sobre el diablo y el padre Pío. Es un tema que aparentemente no le molesta para nada.

—El padre Pío empezó a ser atormentado por Satanás desde niño. El padre Benedetto de San Marco in Lamis, su director espiritual, consignó en un diario: «Las tribulaciones diabólicas comenzaron a manifestarse en el padre Pío desde que tenía cuatro años. El diablo se le presentaba en formas horribles, a menudo amenazantes. Era un tormento que no lo dejaba dormir ni de día ni de noche». El mismo padre Pío dijo una vez: «Mi madre apagaba la luz y muchos monstruos se acercaban y yo lloraba. Encendía la luz y yo callaba porque los monstruos desaparecían. De nuevo la apagaba y de nuevo me ponía a llorar por los monstruos». Las vejaciones diabólicas –porque eran eso: vejaciones y no posesiones– aumentaron después de su entrada en el convento. Satanás ya no se limitaba a aparecérsele en formas horripilantes, sino que lo golpeaba hasta hacerlo sangrar. La lucha siguió espantosa durante toda su vida. El padre Pío llamaba a Satanás y a sus secuaces con los nombres más extraños. Entre los más frecuentes estaban estos: «Mostachoso, bigotudo, barbazul, granuja, espíritu maligno, cosa, cosa fea, feo animalejo, cosa miserable, morros feos, espíritu impuro, esos desgraciados, espíritu maligno, bestia, maldita bestia, apóstata infame, apóstata impuro, cara repugnante, fiera rugiente, insidiador maligno, príncipe de las tinieblas».

Una leve sonrisa aparece en la cara de Angelo, y con energía sigue su relato. Y yo me pregunto: ¿es acaso posible? ¿Puede un poseído hablar de este modo de Satanás, de aquel que vive dentro de él?

—Mire, padre Cándido, son innumerables los testimonios del padre Pío sobre las batallas sostenidas contra los espíritus del mal. Él revela situaciones espantosas, racionalmente inadmisibles, pero que están en perfecta sintonía con la verdad del catecismo y de las enseñanzas del Pontífice que hemos referido. El padre Pío no es, pues, el religioso «maniaco del diablo», como alguien ha escrito, sino aquel que, con sus esperanzas y sus enseñanzas, levanta el velo que tapa una realidad impresionante y tremenda que todos tratan de ignorar. Una vez dijo: «Tampoco, durante las horas de descanso, el demonio deja de afligirme el alma de varios modos. Es verdad que en el pasado he sido fuerte por la gracia de Dios para no ceder a las insidias del enemigo; pero, ¿qué puede suceder en el futuro? Sí, me gustaría que Jesús me concediera un momento de tregua, pero que se haga en mí su voluntad. Aunque sea desde lejos, que no deje de mandar maldiciones a nuestro común enemigo para que me deje en paz». Y le dijo al padre Benedetto de San Marco in Lamis: «El enemigo de nuestra salud está tan furioso que no me deja ni un momento de paz, y me da guerra de varias formas». Y aún más: «Si no fuera, padre mío, por la guerra que el demonio me opone constantemente, estaría casi en el paraíso. Me encuentro en las manos del demonio, que se esfuerza por apartarme de los brazos de Jesús. ¡Qué guerra, Dios mío, me incita este! En algunos momentos poco falta para que pierda la cabeza por la continua violencia a la que tengo que someterme. Cuántas lágrimas, cuántos suspiros dirigidos al cielo para ser liberado. Pero no importa, no me cansaré de orar».

Y mientras habla, Angelo se levanta y saca de entre las páginas de un libro unas hojas. Las abre y retoma la disertación:

—Mire, padre Cándido: en estas hojas he consignado varias palabras que el padre Pío dijo acerca del demonio. Escuche un poco: «El demonio me quiere para sí a cualquier precio. Por todo lo que estoy sufriendo, si no fuese cristiano, creería seguramente que estoy obsesionado. Yo no sé cuál es la causa por la que Dios hasta ahora no ha tenido piedad de mí. Sé, sin embargo, que Él no obra sin fines santos, útiles para nosotros». Y luego: «La debilidad de mi ser me hace temer y me hace sudar frío. Satanás, con sus artes malignas, no se cansa de incitarme a la guerra y de asaltar la pequeña fortaleza asediándome por doquier. A fin de cuentas, Satanás es para mí como un poderoso enemigo que, resuelto a expugnar una plaza, no se contenta con atacarla en una muralla o en un bastión, sino que la rodea por todas partes, por todas partes la asalta, en cada lugar la atormenta. Padre mío, las artes malignas de Satanás me causan horror. Pero solo de Dios, de Jesucristo, espero la gracia de obtener siempre la victoria y jamás la derrota».

—Angelo, pero, ¿contigo habló el padre Pío alguna vez de Satanás? ¿Alguna vez te dijo algo en particular?

—Bueno, sí, alguna vez –dice Angelo después de un momento de duda–. Pero siempre fueron discursos más bien generales. No le gustaba hablar mucho de estas cosas. Yo descubrí muchos de sus sufrimientos solo después de que murió, por los diarios de su padre espiritual, por cartas cuya existencia ignoraba... Solo después de su muerte comprendí hasta qué punto era vejado.

—Sí, son hechos difíciles de creer. Precisamente hoy hay tantas personas vejadas, tantas personas que sufren a causa del diablo, y desafortunadamente también hay muchas poseídas...

Angelo se queda en silencio. Casi imperceptiblemente noto que sus ojos se aprietan ligeramente, por un breve instante son como dos fisuras que dan a la cara una fisonomía extraña, más tensa, como si fuera un simio. Pero esto no dura más que un instante, nada más. En seguida su cara vuelve a ser la de siempre.

—Y bueno –responde Angelo–, el diablo está siempre al acecho. Cuántas tribulaciones por causa suya...

Me pregunto quién está hablando, me pregunto si es Angelo o si son los que están dentro de él. ¿Dónde está Angelo? ¿Hasta qué punto los demonios se han apoderado de él? Si en verdad, salvo en los momentos en los que estamos allí nosotros, él está tan deprimido, enfurecido, entristecido y rabioso, significa que cuando está lúcido, no es él. Angelo, el verdadero Angelo, está aún vivo, sin duda; pero probablemente no logra imponerse. Es un misterio. Pero esta es la realidad. La posesión lleva al poseído a anularse. Ya no es él quien vive, sino alguien dentro de él. Él quisiera resurgir de los abismos, quisiera romper las cadenas del diablo, librarse al vuelo, resurgir... pero no puede. Por eso es necesario orar. Es necesaria una tercera persona, un exorcista, que, invocando el poder de Cristo, rompa este vínculo infernal y, expulsando los espíritus malignos, haga resurgir la verdadera personalidad del poseído. La lucha es muy dura. Cuanto más ora el exorcista, más energía pone el diablo en no dejarse expulsar. Y viceversa, por lo general, cuando a la posesión no se contrapone ninguna oración, el diablo permanece un poco más escondido y la vida del poseído puede desarrollarse normalmente incluso por ciertos períodos. Pero si comienza la batalla, las fuerzas espirituales se desencadenan. Y todo se precipita a un encuentro hasta la última gota de sangre. Un combate muy duro en el cual se puede incluso herir, en el cual se puede también hacer daño. Un duelo sin exclusión de golpes.

El padre Cándido deja hablar a Angelo, pero, no sé por qué, ahora decide no ser directo, no decirle a la cara lo que piensa realmente que está viviendo. Angelo, o mejor, quien está dentro de él, sabe muy bien a quién tiene delante. Sabe que ante sí tiene a un grandísimo exorcista, probablemente sabe que el padre Cándido es consciente de la posesión que está viviendo, pero él también espera. Es un juego de resistencia: vence el más fuerte, vence quien no ceda primero. Evidentemente, por sí solo el padre Cándido, como cualquier otro hombre, es infinitamente inferior a Satanás y a los demonios. Pero es más fuerte en el momento en el que decide hacer todo en el nombre de Cristo. Si se obra en el nombre de Cristo, no se debe temer a nada ni a nadie. Cristo vence, Cristo reina, Cristo tiene la supremacía.

Piensen un momento si todos fuéramos conscientes de que Cristo vive y vive junto a nosotros. ¡Cristo, el Hijo de Dios! ¡Cuántos miedos caerían, cuántas ansiedades, cuántas angustias, cuántas dudas con respecto al futuro desaparecerían! Estaríamos seguros de lo que somos, seguros de nuestro presente, seguros de los días que nos esperan porque sabríamos con certeza que Él está con nosotros, Él, que nos ama y que no quiere sino llenar nuestra vida de grandes dones. Él, en efecto, quiere hacer fructificar nuestra vida, hacer prodigios para nosotros. Pero no puede hacerlo hasta que no tengamos fe en Él, hasta que no nos confiemos a Él, hasta que no digamos: «Nosotros creemos en ti, nada nos podrá faltar». Dice precisamente la Sabiduría: «Si la riqueza es un bien deseable en la vida, qué bien más grande que la sabiduría que todo lo produce». ¡La sabiduría de Dios! ¡Su infinita sabiduría! Si nos confiáramos a ella, no temeríamos nada y todo lo recibiríamos como regalo.

Dora está un poco agitada. Quisiera ir al punto decisivo sin más divagaciones, quisiera que el padre Cándido interviniera directamente. Y, entonces, sorpresivamente, interrumpe la conversación.

—Ya basta, Angelo. Así no se puede seguir. Adelante, explica: ¿por qué te comportas de este modo?

En la habitación reina el silencio. Angelo se estremece un poco, pero rápidamente se recupera y con voz firme dice:

—Dora, ¿de qué estáis hablando?

—¿De qué? Estoy hablando de los días pasados, de los últimos meses. ¡Angelo, hace meses, desde que te jubilaste, que ya no eres el mismo! Estás taciturno, huraño. En otras palabras, o no hablamos o me agredes con palabras impronunciables. ¡Tú, Angelo, tú! ¡Estoy hablando de ti!

—Padre Cándido, padre Amorth, ¿podrían excusar a mi mujer, verdad? A veces parece que está loca...

—¡Basta! ¡Angelo, basta! Aquí el único loco eres tú. ¿Sabes cuál es la verdad? ¿Sabes por qué el padre Cándido y el padre Amorth están aquí hoy?

—Para cenar con nosotros, ¿por qué otro motivo si no?

—¿Por qué otro motivo? Por un único motivo...

Nuevamente algunos instantes de silencio. Dora mira al padre Cándido como queriendo obtener su permiso antes de hablar. El padre Cándido no se lo da, pero ella, de todos modos, se llena de autoridad y habla.

—¡Han venido aquí porque tú tienes serios problemas!

—¿Yo? ¡Dora, por favor! ¡No me hagas reír! ¿Y qué serios problemas tengo? ¡Oigamos!

—Tú, Angelo, estás poseído por el demonio.

Las palabras de Dora rebotan en la habitación sin perderse. Adelante y atrás, arriba y abajo.

«Estás poseído, estás poseído», parece que repiten hasta el infinito las paredes de la casa.

Pero Angelo, increíblemente, no se altera. Es más, se levanta y se dirige hacia Dora. En seguida, la acaricia y la besa. Y le dice:

—Dora, querida mía, tal vez necesitas descansar.

Sin embargo, Dora no cede. Y dice:

—Si de verdad es como dices, si en realidad soy yo quien no entiende nada, entonces no tendrás ningún inconveniente en recibir un exorcismo de parte del padre Cándido.

La conversación es cada vez más surrealista. Cada uno responde al golpe del otro. Angelo le dice:

—¿Yo? No hay problema. Apreciado padre Cándido, si esto es lo que Dora quiere... hágalo entonces.

El padre Cándido, hasta ahora silencioso, toma la palabra. Y dice:

—Mi estimado Angelo, Dora me ha dicho que en los últimos meses no has estado bien, que has cambiado. Yo soy un sacerdote y también un exorcista. Si quieres podemos hacer una oración de exorcismo todos juntos, así tranquilizamos también a Dora... Como sabes, no soy alguien que ve a Satanás por doquier. Sé que las posesiones son rarísimas, pero si Dora insiste es justo complacerla.

—Por mí no hay problema, estoy dispuesto.

—Entonces comencemos.

El padre Cándido, sin la ayuda del ritual, comienza a recitar de memoria la oración en latín. Palabras duras, sonidos terribles para los demonios, sílabas que por lo general bastan para sacudir a Satanás en persona. Ante él, sentado a pocos pasos,

Angelo cierra los ojos y escucha en silencio. No da señales de debilidad, está siempre presente, en sus cabales, impasible.

El padre Cándido comienza a convocar a todos los grandes santos del cielo. Les pide que desciendan y vengan a vencer las fuerzas demoníacas. Cada nombre invocado suele ser un latigazo tremendo sobre el cuerpo del poseído, un golpe que lo hace vibrar en su interior sin que él pueda oponer ninguna resistencia digna de este nombre.

Pero no en este caso. Angelo es un hombre normal, aparentemente libre, sereno y seguro de sí mismo.

El padre Cándido se levanta y se acerca a Angelo. Apoya la palma de la mano derecha sobre su nuca y, recitando aún el ritual, de tanto en tanto con el pulgar le signa la frente. También este simple gesto habitualmente es insoportable para un poseído. Pero no en este caso. Angelo se deja signar. Angelo no tiene ninguna reacción. Angelo está del todo presente en sí mismo.

—Angelo, repite conmigo: Padre nuestro que estás en el cielo...

—Padre nuestro que estás en el cielo...

—Y ahora: Dios te salve, María, llena eres de gracia...

—Y ahora, a san José: Gloria al Padre y al Hijo y al Espíritu Santo...

—Gloria al Padre y al Hijo y al Espíritu Santo...

—Angelo, ¿renuncias a Satanás?

—Renuncio.

El diálogo continúa por lo menos una hora. El padre Cándido prueba todas las vías posibles, pero nada sale al descubierto. Yo, a su lado, dudo de que verdaderamente haya una posesión en curso. Pero conozco bien al padre Cándido: si insiste tanto es porque está convencido de que hay algo. Generalmente no se equivoca nunca: sobre las personas que él cree que no tienen nada, no empieza nunca exorcismo. Él tiene dones que no tengo yo. Él *percibe* si hay una posesión. Yo no estoy capacitado para hacer eso.

Angelo sigue sentado, como absorto en sí mismo, tranquilo. Dora, en cambio, está cada vez más desolada, desilusionada, diría yo. Espera algo, una reacción, pero no se da nada.

Después de un par de horas decidimos irnos. Angelo está sereno, satisfecho incluso. El padre Cándido un poco confuso. Y cansado. Dora desolada. Yo no sé qué decir.

En la puerta nos despedimos. Estamos a punto de cerrar la puerta cuando, no sé ni siquiera por qué, decido hacer un último intento. Sin preaviso, me dirijo a los esposos y les digo: «Que Dios los bendiga».

Y les imparto una rápida bendición. Ninguno de los dos se lo esperaban, Angelo no lo esperaba. Sin embargo, no pasa nada, solo que veo, imperceptible pero real, una gota de sudor que brilla en la frente del hombre y baja velozmente por su mejilla. Y después desaparece.

Salimos y aún en las escaleras alcanzo al padre Cándido. De por sí, este asunto de la gota de sudor no significa nada; pero es un hecho que me golpea y me impresiona por algún tiempo.

Se lo cuento al padre Cándido, pero él no hace ningún comentario. Entonces le pregunto:

—¿Qué decir? ¿Quién tiene razón? ¿Él o Dora?

Mi maestro exorcista me da a entender que prefiere no hablar. Está cansado como si hubiera hecho verdaderamente un largo exorcismo. Solamente me dice:

—Y con todo, ha sido duro para mí. Con todo, yo he combatido de verdad.

Lo sigo hasta la casa. Al llegar me dice:

—Apreciado padre Amorth, yo voy a la capilla. Necesito orar.

Decido seguirlo. También yo siento una gran necesidad de estar en silencio ante el Santísimo. La capilla de la Escalera Santa está desierta. Ya es de noche, está cerrada y nadie puede acceder a ella. El padre Cándido se arrodilla y entra en su diálogo con Dios.

Después de una hora se levanta y sale. Afuera me dice:

—Creo que esta posesión seguirá siendo un *unicum* en la historia de la Iglesia, y de todos modos será muy difícil que en el futuro se pueda repetir una similar. La reacción de Angelo es exactamente la opuesta a la que manifiestan los poseídos «normales», por decirlo así. Por lo general, los poseídos, en sus casas, en su cotidianidad, pueden tener una vida más o menos normal, pero durante los exorcismos se enloquecen. En este caso, en cambio, sucede exactamente lo contrario. Angelo es normal solo en presencia del exorcista. Y aún más: por lo general, los poseídos lo están por un acto voluntario y libre; es decir, se consagran a Satanás o son consagrados a él; especialmente los asistentes a una misa negra o a un rito satánico. Aquí todo es distinto. Creo que Angelo ha sido poseído sin darse cuenta. Estas cosas nunca suceden. Yo no he visto otros casos similares. Angelo es tal vez un santo. Es quizá por este motivo que Dios está permitiendo este absurdo. No tengo otra explicación.

—Padre Cándido, ¿qué podemos hacer entonces?

—Nada, por ahora, si no orar por él y de vez en cuando ir a verlo.

El libre arbitrio

Cuando Dios creó al hombre, a su imagen y semejanza, le dio unos dones divinos. Ante todo, la inteligencia, por la que el hombre razona; después el espíritu de iniciativa, el dominio sobre sus actos. Al mismo tiempo le dio una meta bien precisa en la vida, dividiéndola en dos períodos: un período en el cual el hombre vive sobre esta tierra, y un período en el cual vive en la eternidad. Dos períodos diferentes, diversos. Un antes y un después. Un ahora y un después. Sí, Dios creó al alma inmortal y la meta que Él ha señalado al hombre como su fin último es la de gozar por toda la eternidad de la visión beatífica de Dios y de la alegría del paraíso. En pocas palabras: el hombre, ser mortal, ha sido creado para la inmortalidad, para la eternidad.

Pero, desafortunadamente, no todos los hombres tienen conocimiento de esto. Y los que han oído hablar de ello, a menudo no creen. Sin embargo, la posibilidad de llegar a la feliz eternidad es para todos. Es de todos. La posibilidad para cada uno de alcanzar el fin por el cual ha sido creado, aunque a través de vías disímiles y diferentes, es real.

¿Cuál es el obstáculo? ¿Cuál es la causa por la que algunos llegan a la meta, algunos alcanzan la eternidad bienaventurada, y otros no? Este obstáculo, fuente de los méritos y también de las culpas, tiene un nombre preciso: libre arbitrio. Dios, en esencia, ha dado al hombre el libre albedrío, es decir, la posibilidad, radicada en su razón y en su voluntad, de actuar de un modo o de otro, de elegir lo blanco o lo negro, la luz o la oscuridad, el bien o el mal. En suma, de realizarse o no. Gracias al libre albedrío, el hombre tiene la posibilidad de radicarse en la virtud o en el vicio. El hombre puede hacerse mejor o peor. Es cierto, el hombre, cuanto más hace el bien, más vive en la serenidad y en la verdadera libertad; si, por el contrario, elige y hace el mal y se dedica al mal, no llega sino a la esclavitud del pecado. Se puede convertir en esclavo de la droga, del sexo, del juego, de la ambición, del dinero... Esclavo de todo y no hijo libre de Dios.

La libertad es el instrumento que le permite al hombre realizarse o no. Se ejerce siempre en la relación con los otros y con las cosas. Cada hombre tiene el derecho de ser reconocido como libre y responsable. El ejercicio de la libertad es reconocer la libertad del hombre, especialmente en el campo religioso, moral y profesional. Todo hombre debe reconocer también para los otros esos derechos que reclama para sí mismo y las obligaciones comunes, en el campo social y político.

Gracias al libre arbitrio puedo hacer de mí mismo un ser del bien o del mal. Y puedo hacerles a los otros estas cosas, el bien o el mal. La libertad, en efecto, es limitada en su uso, y se puede usar bien o mal. Esto es lo que la Iglesia llama pecado; puede ser cometido contra uno mismo o contra los otros. ¿Cómo nos quiere Dios? Nos quiere fieles al bien, pero respeta nuestra libertad, incluso la libertad de hacer el mal. Luego, con toda seguridad, cada uno deberá rendir cuentas al final de su vida, pues cada hombre será juzgado según sus obras. Es así desde el principio de la humanidad. Adán y Eva desobedecieron a Dios y obedecieron a la serpiente, es decir, al diablo. Dios no impidió esta rebelión, sino que inmediatamente anunció las dos consecuencias para la serpiente (Satanás) y para Adán y Eva.

Así mismo, cuando Caín mató a Abel, Dios no lo impidió, sino que anunció las consecuencias. Del mismo modo, nosotros vemos cada día que Dios no impide el mal, el comportamiento pecaminoso. No lo hace porque Él respeta la libertad. Si no la respetara, no sería lo que es, se contradiría a sí mismo.

Hay en el Evangelio una parábola muy significativa a este respecto: la parábola del trigo y la cizaña. El trigo ha sido sembrado por Dios; la cizaña, en cambio, por el diablo. El Señor permite que ambos crezcan juntos hasta la cosecha final. Muchas veces quisiéramos que los malos fueran rápidamente castigados y los buenos premiados. Pero el mundo sigue estando lleno de gente egoísta y perversa que goza de buena salud y vive, impertérrita, su vida. San Pedro da una explicación de este hecho y de la parábola: Dios es paciente y espera para dar tiempo a la cizaña para que se convierta en un grano bueno. Quiere darle, al que actúa mal, tiempo para que se convierta. No se cansa de repetir: «No quiero la muerte del pecador, sino que se convierta y viva».

El ejercicio de la libertad no nos da el derecho de decir y de hacer todo lo que queramos. Esta es la típica raíz del satanismo, que enseña estas reglas: haz todo lo que quieras; no debes obedecer a nadie; sé el amo, el dios de ti mismo.

Son muchos los que se dejan seducir por esta tentación de Satanás, una tentación que quiere llevar al hombre a la simple satisfacción de sus propios intereses, al goce de los bienes terrenos, sin ninguna preocupación por los otros ni por la salvación eterna. Por esto, el ejercicio de la libertad, que nos hace responsables de nuestras elecciones, debe ser regulado, puesto que nuestros actos pueden ser buenos y malos. Es la razón la que juzga lo que es bueno y lo que es malo. Cada uno de nosotros tiene una conciencia en función de la cual ha de regularse. Cada uno de nosotros sabe, si se confronta con su conciencia y usa la razón, qué es correcto y qué es incorrecto.

Cada hombre tiene una conciencia, íntima y personalísima, en la que se encuentra solo con Dios y consigo mismo. En ella, el hombre descubre que tiene una ley que no se ha dado él, sino a la que debe obedecer. Es una ley escrita por el Creador en su corazón, una ley que invita siempre a hacer el bien y a rehuir el mal. Ella juzga también las elecciones concretas que tomamos, aprobando las buenas y denunciando las malas. La conciencia moral es un juicio de la razón para reconocer el valor moral de un acto concreto. El hombre tiene el deber de seguir fielmente lo que su razón le ha hecho comprender que es justo y recto. Pero hay un peligro: a menudo la vida nos pone en situaciones en las cuales es posible sustraernos a lo que debemos afrontar. Y es por esto que a veces no nos comportamos racionalmente.

La conciencia nos hace asumir la plena responsabilidad de los actos que realizamos; puede aprobar o condenar. Pero es muy importante educar y habituar la conciencia a juicios moralmente iluminados. Por esto, la conciencia debe ser siempre educada, a lo largo del camino de la vida, comenzando desde niños. Es una educación que, por ejemplo, preserva del miedo, del egoísmo, del orgullo, de los resentimientos... por eso, es una educación que garantiza la libertad y la paz del corazón. Es necesario que este tipo de conciencia sea comprendida desde temprana edad. Porque cuando se es pequeño, se tiene el corazón puro para no dejarse influenciar demasiado por el mal. Los pequeños tienden naturalmente al bien. Para ellos es del todo normal que exista Dios y que cada acto deba ser dirigido hacia Él.

Ciertamente es importante educar para el amor a Dios y al prójimo, para saber soportar pequeños sacrificios, para conocer la palabra de Dios y para la oración. En el mundo en el que vivimos todo esto es muy difícil. A menudo las familias están destrozadas y cuando un progenitor se queda solo es poco lo que puede hacer. Y aunque las familias estén unidas, a menudo por razones de trabajo se dedica poco tiempo a los hijos. Y los hijos crecen influenciados por el ambiente que frecuentan y no siempre este ambiente es como debería ser. Así pues, hoy los jóvenes tienen más necesidad de formación que en el pasado. Sobra decir que hay ciertos instrumentos (como la televisión, el ordenador, internet, el móvil) de los cuales ya no se puede prescindir. Y los hijos deben ser educados tanto para que hagan un uso moderado de ellos como para que sepan elegir los programas y aprendan a distinguir a los buenos de los malos. Estas indicaciones no son válidas solo para los niños, sino también para los adultos.

Todo hombre, adulto o joven, necesita una educación continua. Todos tenemos que orientar nuestra conciencia al bien, a Dios y a lo que es conforme a sus leyes. Hoy más que nunca debemos escuchar las exhortaciones de san Pablo, que nos dice que no nos conformemos al mundo. El cristiano, si quiere serlo de verdad, debe ser distinto de los otros y comportarse abiertamente de un modo conforme al Evangelio. Jesús es claro: «De quien haya dado testimonio de mí ante los hombres, yo daré testimonio ante los ángeles».

El Señor no sabe qué hacer con cristianos tímidos y temerosos, que no pueden mostrar a los otros su propia identidad. Hay muchísimos contemporáneos que viven heroicamente su fe. Los ejemplos no faltan. Todos pueden encontrarlos y mirar hacia ellos, para ayudar así a que su libertad se realice, es decir, a que tienda hacia aquello para lo que fue hecha: para obedecer a Dios.

Vemos también cómo en nuestra mentalidad influyen elementos que no dependen de nosotros. Por ejemplo, es importante el lugar donde uno nace, el contexto social o religioso. Sin duda, a todos nos da Dios la percepción del bien y del mal. Pero nosotros, que hemos nacido en un contexto cristiano, debemos saber apreciar la gran ventaja de pertenecer a la Iglesia. Tenemos los ejemplos de Jesús, sus enseñanzas, gracias a las cuales nos resultan claras las leyes de Dios. Tenemos la ayuda de los sacramentos, que nos sustentan en nuestras debilidades y nos devuelven a la gracia de Dios si nos hemos equivocado. Vivimos en una época de mártires, especialmente en Oriente Medio, pero no solo allí. Basta pensar en el homicidio del obispo Óscar Romero, que se puso de parte de los pobres. Nosotros en Europa tenemos aún la plena libertad de vivir como queremos a conciencia. Tenemos la facilidad de alimentarnos siempre de la palabra de Dios, que nos preserva de todo descarrilamiento y nos mantiene una conciencia recta. Entonces no nos dejemos desviar por el comportamiento general, a veces convalidado por las leyes contra Dios, como el divorcio y el aborto. El cristiano sabe que muchas veces tiene que ir a contracorriente. Pero sabe también que su testimonio de vida tiene la capacidad de influir sobre los otros y ser decisiva, con sus elecciones, en la vida pública. Si los católicos practicantes europeos votaran coherentemente de acuerdo con su fe, en Europa no existirían ni el aborto ni el divorcio. No basta querer el bien. También hay que tener el coraje de seguirlo, de exponerlo, con el espíritu de los apóstoles, que decían: se debe obedecer a Dios y no a los hombres, cuando quieren nuestro silencio.

Debo encontrarme una vez más con Federica sola. O mejor, sin sus hijos, solo en presencia de mis colaboradores. No tengo ganas de bromear ni dejarme tomar el pelo. No puedo hacer nada por sus hijos si no conozco la verdad. No puedo hacer nada si no sé que es también a ella, además de a Pascual y a Fabricio, a quien debo exorcizar.

¿Qué ha sucedido con los dos chicos? ¿Por qué están en estas condiciones? ¿Qué es esa misa negra de la cual me hablaron durante el exorcismo? ¿Dónde fue? ¿Y cuándo? ¿Y por qué Federica, al oír hablar de esto, se sintió también mal?

Federica comprende inmediatamente que no puede mentir. ¿Quiere ser ayudada? Está bien, pero no debe esconderme nada.

—Padre, creo que hay muchas cosas que debo contarle.

—Yo también lo creo, señora. Si debo luchar, quiero saber exactamente contra quién.

—Aquí va... todo comenzó hace veinte años. Venía de un período de gran tribulación. Mi marido había muerto hacía poco tiempo. Yo, que creía haber logrado finalmente una estabilidad, me encontraba sola con mis dos hijos, que en ese tiempo eran aún pequeños, y busqué ayuda. Pero dentro de mi corazón, más que ayuda, busqué venganza.

—¿Venganza?

—Venganza sí, hacia Dios en primer lugar. Aún hoy siento dentro de mi corazón tanta rabia, tantas ganas de revancha. Odiaba a Dios con todas mis fuerzas. Vengaría esta injusticia, es decir, la muerte de mi marido y a mis hijos que se veían obligados a crecer sin él.

—Muchas mujeres pierden al marido y no guardan sentimientos de venganza hacia Dios. ¿Por qué usted sí?

—Tengo mis razones. Crecí en una familia muy pobre. Perdí a mis padres siendo pequeña. Fui criada por una abuela a la que odiaba. La vida ha sido injusta conmigo. Tuve que trabajar desde muy joven, como ama de llaves en las casas de los ricos. He sufrido una infinidad de humillaciones, de privaciones. Mi marido fue una luz en la noche, un resplandor que no duró más que el tiempo necesario para quedarme embarazada, casarnos deprisa, tener el primer hijo y después el segundo. ¿Le parece justo todo esto?

—La vida no siempre es color de rosa. Es más, a menudo es amarga. Pero cálmese y trate de no dejarse abrumar; estamos solo dialogando.

—Busqué ayuda y tal vez también inconscientemente la busqué en personas que me podían ayudar a desahogar mis resentimientos, mi sed de venganza. Me acerqué a las filosofías orientales y a la gente que sigue estas filosofías porque me decían: «Ya no más Dios. Ahora estamos nosotros. Él ya no existe. La felicidad la puedes conquistar tú sola, confía». Y me confié. Rápidamente comencé sesiones psicoanalíticas, pero no sé si pueden definirse realmente así. En cierto momento estas personas me llevaron una tarde a un encuentro con otra gente. «Ya verás –me dijeron–, estos nuevos encuentros te ayudarán».

—¿Adónde exactamente la llevaron?

—A una casa en el campo. Gente rica, al menos así me lo parecía. Cuando entré, algunos estaban teniendo sexo, libremente, delante de todos. Después entró alguien encapuchado. Una especie de sacerdote. Comenzó un rito en el que también yo participé. Me desnudaron, muchos consumaron una relación sexual conmigo, después bebí yo también del cáliz del sacerdote. No sé qué bebedizo era, daba bastante asco; lo único que comprendí es que me acababa de consagrar a Satanás. Desde ese momento he sido de su propiedad.

—¿Propiedad de quién exactamente?

—De Satanás. Y, por tanto, de los líderes de esta secta, de esa especie de congregación.

—¿Y sus hijos qué tienen que ver en todo esto?

—Eran aún niños. Los llevé conmigo, luego también los consagré. También ellos bebieron de aquel bebedizo. Eran pequeños, no creo que recuerden nada. Después los llevé conmigo otras veces. Se convirtieron en una especie de mascotas del grupo. Al comienzo estaba realmente bien. Me daban incluso dinero; después, sin embargo, poco a poco empezaron a abusar de mí con violencia, con mayor asiduidad, tomaban también a mis hijos... En pocas palabras, de hecho, aunque estaba bien económicamente, era su esclava. Más bien, los tres éramos sus esclavos.

—Pero, ¿por qué no me dijo la verdad desde el principio?

—Porque dentro de mí estaba y estoy confundida. Quiero liberarme, pero tengo miedo. Lucho interiormente.

—¿Pero es verdad la historia de que usted va a misa y sus hijos no?

—Sí, ellos no pueden acercarse a ningún lugar sagrado. De hecho, la única persona religiosa a la que se han acercado en los últimos años es usted. No sé por qué, pero creo que sienten que pueden confiar en usted. Yo, en cambio, sí puedo acercarme tranquilamente a los lugares sagrados, a las iglesias, a los santuarios. No sé por qué esta diferencia.

—¿Pero sus hijos saben lo que usted les ha hecho?

—Yo no les he dicho nada a ellos. Creo que no recuerdan muchas cosas de esos tiempos, pero de todas formas no hemos hablado nunca de eso. Poco a poco comprendí en qué tipo de embrollo me había metido. Y aunque no conocía a nadie, tuve la fuerza de escapar. Eso sucedió no hace mucho tiempo, cuando mis dos hijos, al terminar los estudios obligatorios, se pusieron a buscar trabajo. Sin darles explicaciones, los obligué a mudarse a otra ciudad conmigo. Un día les dije: «He encontrado una casa con un buen alquiler, pero dista a muchos kilómetros de aquí. He decidido que vamos a vivir allí». Por suerte no opusieron resistencia. Porque, además, tuve la oportunidad de encontrar un contacto en esta nueva ciudad con un taller que estaba dispuesto a contratarlos a los dos. Y así fue. Contentos por el trabajo, se mudaron de buen agrado.

—¿Pero los satánicos no la han buscado?

—No me han encontrado nunca. Creo que me han buscado mucho. Y tal vez me están buscando todavía hoy. Pero por fortuna yo ya no era la presa de los líderes. Se desfogaban con otras... En el fondo, ya no era tan indispensable. Aunque sé bien que, cuando te entregas a ciertas personas, después eres de su propiedad para siempre...

—Sin embargo, las huellas de esta consagración persisten, es más, permanece por completo esta maldita consagración: creo de verdad que usted, al igual que sus hijos, es víctima de una posesión total, desgraciadamente. Será difícil llegar a buen término. Pero estamos en un buen punto. Ahora es necesario que usted haga una cosa.

—¿Qué cosa, padre?

—Actúe por su propia voluntad. Debe desear voluntariamente la liberación. De otro modo es inútil. Con sus hijos estoy haciendo unos exorcismos esperando que también ellos dispongan su corazón a Dios, elijan la luz y rechacen las tinieblas. Para ellos, paradójicamente, puede ser más simple, porque han sido consagrados sin el consentimiento de su voluntad, pero para usted no. En su caso o hay una ruptura fuerte, decidida, resuelta y lograda por su voluntad, o todo es inútil.

—¿Cómo puedo hacerlo? Yo deseo la luz, pero al mismo tiempo siento el mal que me agarra a sí, me tiene atada, me tira hacia abajo.

—Cuando sienta que el mal la oprime, debe implorar a Jesucristo y decir: «Cristo vence, Cristo reina, Cristo impera». Y después implorarle con la súplica del ciego de Jericó. Jesús pasaba por el camino, el ciego quería recuperar la vista y gritó con todas las fuerzas que tenía en la garganta: «Jesús, Hijo de David, ten piedad de mí». ¡Este grito debe ser su grito!

—Lo intentaré.

—No sirve intentar. Tiene que hacerlo. Dígame: ¿qué es ese anillo?

—¿Cuál?

—El anillo que tiene en el anular izquierdo, junto a la alianza matrimonial.

Federica se resiste un poco. Está incómoda, pero después habla.

—Me lo dieron allí, en esa secta, el día de la consagración... Nunca me lo he quitado. Me queda muy apretado y...

—Los signos son importantes. Debe empezar esta nueva vida destruyendo este anillo. El anillo la tiene aún ligada al pasado. Es un signo que dice que usted es todavía de ellos. Quíteselo de inmediato.

Federica tiembla, tiene miedo, no quiere. Ese anillo le da seguridad, la seguridad del mundo de los muertos, una seguridad oscura, pero, con todo, una seguridad.

—Yo no sé si lo lograré, padre, me queda muy apretado.

—¿Puedo ayudarle?

Federica empieza a llorar. No quiere, pero sabe que *debe* quitarse ese anillo. Ahora llora inconteniblemente, parece una niña a la que le quitan el chupete.

Tomo el óleo santo. Apenas ve la crismera, retrocede. Le tomo la mano y no la dejo titubear. Baño el anillo con óleo. Es efectivamente muy estrecho, está pegado al anular. Pero el óleo permite que el anillo se deslice sin problemas.

—Ya lo tengo –le digo. Pero en ese instante Federica se desmaya, cae al suelo como muerta.

Es una reacción normal, que no me preocupa. Salgo al jardín. En la mano llevo un martillo. Destruyo a martillazos el anillo, un signo tangible que atenúa la tendencia hacia el bien de Federica y le recuerda el vínculo fortísimo con Satanás debido a la consagración ocurrida años atrás durante la misa negra. Logro romper el anillo en muchos pedazos pequeños. Los recojo y los llevo a la otra habitación, dentro de un sobre que contiene otras «pruebas del delito».
 Se trata de pequeños objetos que a menudo vomitan los

poseídos durante los exorcismos. Más que vomitarlos, a decir verdad, los materializan no sé cómo sobre la punta de su lengua: cortaúñas, pequeños cuchillos, clavos de todos los tamaños y de todas las épocas. No tienen ningún valor ni ningún poder. Pero igualmente prefiero tenerlos seguros conmigo. Y no dejar que estén circulando por ahí. También los fragmentos del anillo de Federica terminan en ese sobre.

Vuelvo donde Federica. Está totalmente recuperada. No está sola. Con ella hay algunos ayudantes. Veo que se toca el dedo donde antes tenía el anillo. Está aterrorizada. No será fácil para ella vivir sin él. Sé bien lo que se siente en estos casos. El anillo unía su alma a Satanás. Ahora ya no está. Pero en su lugar ha quedado un gran vacío que aún por mucho tiempo pedirá ser llenado. Lo importante es no dejar entrar nada en él. Quitar el anillo es un paso importante, un paso que le he obligado a dar un poco a la fuerza. Pero es algo que tenía que pasar. Y dado que el momento es solemne, tengo que sellarlo con una oración.

—Federica, hagamos una oración; creo que ahora es el momento oportuno –le digo.

—Vete a la mierda –me dice mientras mis colaboradores pasan de apoyarla a mantenerla quieta.

Repentinamente ha enfurecido. Quien está dentro de ella no ha podido aguantar la destrucción del anillo. Y quiere combatir, reaccionar y, si pudiera –lo veo en sus ojos–, matarme. Federica ya no es ella. Ahora está en trance, ahora la posesión se pone al descubierto.

Esa mirada la reconozco. Los ojos llenos de odio de la mujer son los ojos del diablo. Él es el odio puro, cristalino, primordial, yo diría que el odio en persona. Y cuando se manifiesta, deja sin aliento y hiela el corazón.

Siento su odio dirigirse con violencia fuera de ella, hacia las personas que están alrededor, pero sobre todo hacia mí.

Y también sus palabras no son sino odio catapultado fuera de su cuerpo.

—Ella es mía, ¿qué crees? ¡Es mía y no la tendrás nunca! Ella está consagrada a mí. ¡No te está permitido tenerla, cura!

—Yo creo solo en nuestro Señor Jesucristo y en nadie más. ¿Qué tienes que compartir conmigo?

—Nada. ¡Eres tú quien me molesta! Más bien, ¿qué quieres tú de mí?

—Vete a donde perteneces. No me interesa que haya habido una consagración. Cristo tiene el poder de romper todas las consagraciones no hechas en su nombre. Cristo, que ha muerto en la cruz, ha derramado su sangre por todos, incluso por Federica, a pesar de sus errores. Ahora ya no tiene el anillo. Ahora ya no puede ser tuya. Y ahora invoco, aquí, el descendimiento de la sangre de Jesús sobre Federica para que lave todas sus culpas y expulse de ella toda presencia negativa, maléfica, satánica. Federica quiere y debe vivir en Cristo, te guste o no.

—No solo no me gusta, sino que no lo aceptaré nunca.

En estos diálogos verdaderamente surrealistas, pero al mismo tiempo tan profundamente reales, comprendo cómo razona el mal, o mejor, Satanás, que es el mal en cuanto espíritu puro. Su pensamiento es solo uno: llevar la mayor cantidad posible de almas a su reino de muerte. Cuantas más almas logre robar a Cristo, más cree estar cerca de la victoria, la victoria del reino del mal sobre el reino del bien. Él sabe muy bien que la encarnación de Cristo y su inmolación en el árbol de la cruz han desmantelado de una vez por todas su proyecto. Pero no se da por vencido. No se queda tranquilo. Busca, lucha, para conquistar cuantas más almas pueda. Para dar la muerte y la desesperación infinita a la mayor cantidad posible de almas.

Su libertad, la libertad de Satanás, ha elegido el mal. Y dado que no hay tiempo ni espacio más allá de nuestro mundo, su elección es definitiva. Él ha elegido el mal y no volverá atrás. Su elección es irrevocable. Y dado que es así, su objetivo es hacer que todos le hagan compañía en esta elección, que todos sean como él: condenados por toda la eternidad.

—Ahora, Federica, yo te ordeno en el nombre de Cristo que vomites ese brebaje que te han hecho beber. Esputa todo y libérate de este vínculo que no te pertenece.

—¡Tú estás loco! ¡Loco, loco, loco! Yo no esputo nada. No hay nada que esputar.

—¡Pido a los santos del cielo que han combatido antes contra el gran adversario, la serpiente engañadora, que vengan ahora en mi ayuda!

—¡Nooo!

—¡Pido a san Miguel arcángel que venga en mi ayuda!

Federica grita. El nombre de san Miguel le es insoportable. Es normal que sea así. San Miguel no es un santo cualquiera.

Después de María, él es la criatura más gloriosa, la más potente nacida de las manos de Dios. Elegido por el Señor como primer ministro de la Trinidad, príncipe del ejército celestial, san Miguel es venerado desde los tiempos más antiguos. El Antiguo y el Nuevo Testamento hablan de él, de su poder, de sus apariciones, de su intercesión, de su dominio. Los pontífices nunca han dejado de recomendar a los fieles la devoción a san Miguel. También en nuestros días, Pío IX, León XIII y Pío XII nos dicen que le supliquemos la defensa de la Iglesia y de las almas. «Raramente el recurso al arcángel Miguel parece más urgente que ahora... porque el mundo, intoxicado por la mentira y por la deslealtad, herido por los excesos de la violencia, ha perdido la rectitud moral y la felicidad», dice Pío XII.

De hecho, ¿cómo no reconocer la obra de Satanás y de sus demonios en el orgullo, en las traiciones que suceden en la sociedad y el mundo actual? ¿No es, entonces, consolador y reconfortante pensar que, sobre los demonios desencadenados en toda la tierra, se extiendan la acción y el poder de san Miguel, protector de los pueblos y de la Iglesia? Él es, y será siempre, el fiel custodio y defensor de las naciones y de las personas que lo invocan, que se confían a él en las preocupaciones y en las persecuciones.

Miro a Federica y, sin prestar atención a sus gritos, le hablo de las apariciones de san Miguel. Una manera de confortarla. Sé, en efecto, que, a pesar de las manifestaciones violentas de su posesión, ella puede escucharme. Y tener fuerzas para retomar el control sobre sí misma.

Le hablo sobre el Palacio Real terrenal de san Miguel Arcángel que se encuentra en el monte Gargano, sobre el monte sagrado que hoy lleva su nombre: Monte del Santo Ángel. La primera aparición sucedió el 8 de mayo del 490, le explico mientras, con la cabeza hacia atrás, resopla fastidiada. San Miguel se manifestó la primera vez el 8 de mayo de ese año. Un rico señor de Siponto perdió el toro más hermoso de su manada. Después de tres días de búsqueda, lo descubrió de rodillas en la entrada de una gruta casi inaccesible del Gargano. Molesto porque no podía recobrarlo, quiso matarlo y le lanzó una flecha. Pero a mitad de camino, la flecha se volvió atrás e hirió al arquero en un brazo. Sorprendido, el señor fue a buscar al obispo de Siponto, Lorenzo Maiorano, para que explicara lo ocurrido. Este ordenó un ayuno de tres días y oraciones públicas. Al tercer día, san Miguel se le apareció al obispo y le dijo que era el autor del prodigio de la gruta y que esta sería, de ahora en adelante, su santuario en la tierra.

La segunda aparición sucedió el 12 de septiembre del 492. Los sipontinos fueron asediados por el ejército bárbaro de Odoacre, rey de los erulos. Viéndose a punto de perecer, recurrieron al obispo Lorenzo Maiorano. Él oró y obtuvo la protección del arcángel: san Miguel se le apareció prometiéndole la victoria. Tres días después, el cielo se oscureció, se desencadenó una tormenta terrible, el mar se embraveció. Las hordas de Odoacre, golpeadas por los fulgores, huyeron aterrorizadas. La ciudad estaba a salvo.

La tercera aparición tuvo lugar el 29 de septiembre del 493. Para festejar devotamente al arcángel y agradecerle la liberación de la ciudad, el obispo de Siponto pidió al papa Gelasio I el consentimiento para consagrar la gruta y establecer el día de esta dedicación. En la noche del 28 al 29 de septiembre del 493, san Miguel se apareció por tercera vez al obispo Lorenzo Maiorano, y le dijo: «No es necesario que dediquéis esta iglesia... porque yo ya la he consagrado... Vosotros, celebrad los santos misterios...». A la mañana siguiente, varios obispos y el pueblo se dirigieron en procesión hacia el monte Gargano. Al entrar en la gruta, la encontraron llena de luz. Un altar de piedra había sido ya elevado y recubierto con un palio purpurino. Entonces el obispo celebró la primera misa, en presencia de los obispos y de todo el pueblo.

La cuarta aparición fue doce siglos después. Era el 22 de septiembre de 1655. La peste se ensañaba en Nápoles y en todo el reino. Después de Foggia, donde murió casi la mitad del pueblo, Manfredonia era amenazada. El obispo, Giovanni Puccinelli, recurrió a san Miguel, pidiéndole en la sagrada gruta, con todo el clero y todo el pueblo, su potente ayuda. Al amanecer del 22 de septiembre de 1655, en una gran luz, vio a san Miguel que le decía: «Sabed que yo soy el arcángel Miguel; le he solicitado a la Trinidad que quien use con devoción las piedras de mi gruta, alejará la peste de las casas, de las ciudades y de cualquier lugar. Practicad y contad a todos la gracia divina. Bendecid las rocas, esculpiendo en ellas la señal de la cruz con mi nombre». Y la peste fue vencida. Aún hoy se usan estas piedras, tomadas de la gruta con fe, para tener la protección del arcángel. Y san Miguel continuó, y continúa siempre, su misión, apareciéndose de tanto en tanto, aquí y allí, en Italia, en Francia al obispo de Avranches y a santa Juana de Arco, en Portugal a Antonia de Astonaco, a los videntes de Fátima...

Ahora Federica se ha calmado un poco, así que sigo recitándole la oración de consagración dedicada a san Miguel. Le digo que esta es la oración que siempre debe hacer suya:

«Oh gran príncipe del cielo, custodio fidelísimo de la Iglesia, san Miguel arcángel, yo, aunque indigno de presentarme ante ti, confiando sin embargo en tu especial bondad y conociendo la excelencia de tus admirables oraciones y la cantidad de tus favores, me presento ante ti, acompañado por mi ángel custodio, y ante la presencia de todos los ángeles del cielo que tomo como testigos de mi devoción hacia ti, te elijo hoy como mi protector y mi abogado particular, y propongo firmemente honrarte siempre y hacerte honrar con todas mis fuerzas. Asísteme durante toda mi vida, para que yo no ofenda nunca los ojos purísimos de Dios, ni con las obras, ni con las palabras, ni con los pensamientos. Defiéndeme de todas las tentaciones del demonio, especialmente de aquellas contra la fe y la pureza, y en la hora de mi muerte da paz al alma mía y llévame a la patria eterna. Amén».

Y después repito la oración a san Miguel que el papa León XIII quiso que toda la Iglesia recitara todos los días:

«¡Oh glorioso príncipe de las milicias celestes, san Miguel arcángel, defiéndenos en el combate y en la terrible lucha que debemos sostener contra los principados y las potencias, contra los príncipes de este mundo de tinieblas, contra los espíritus malignos! Ven en auxilio de los hombres que Dios ha creado inmortales, que formó a su imagen y semejanza y que rescató a gran precio de la tiranía del demonio. Combate en este día, con el ejército de los santos ángeles, los combates del Señor como en otro tiempo combatiste contra Lucifer, el jefe de los orgullosos, y contra los ángeles apóstatas que fueron impotentes de resistirte y para quien no hubo nunca jamás lugar en el cielo. Sí, ese monstruo, esa antigua serpiente que se llama demonio y Satán, que seduce al mundo entero, fue precipitado con sus ángeles al fondo del abismo».

Ahora Federica está serena, libre al menos por hoy. Por lo general no soy tan afortunado. Normalmente, un exorcismo dura mucho tiempo. Pero, evidentemente, la ayuda de san Miguel ha surtido efecto sobre ella.

—Estoy cansada –me dice–, pero me siento bien. Me parece ver a san Miguel...

No comento estas palabras suyas. Simplemente le digo:

—Nos volveremos a ver pronto, ahora vaya a casa a descansar.

A menudo, después de un exorcismo muchos poseídos me dicen que han tenido visiones de santos o incluso de la Virgen. Efectivamente, a veces noto, mientras oro por ellos, que su cara se relaja, se serena, como si los diablos de golpe desaparecieran. No tengo motivo para dudar del hecho de que estas visiones sean reales. Es más, siempre tiendo a creer lo que me dicen que han visto. Pero al mismo tiempo sé bien que no es necesario detenerse mucho en estas cosas, es más, no hay ni siquiera necesidad de hablar de ellas. Dios actúa como quiere, pero no nos corresponde deleitarnos en las visiones de los santos. A nosotros nos corresponde solamente creer con fe, creer aunque nunca tengamos visiones particulares.

A nosotros nos corresponde orar, es nuestra labor cotidiana, y tener fe en Él. Así lo he hecho siempre y así lo haré siempre.

La vida es sagrada

Todo el mundo visible ha sido creado para el servicio del hombre. Y el hombre ha sido creado a imagen y semejanza de Dios, con un alma inmortal. Y si es verdad que es Dios el que da la vida, asimismo solo Él tiene el poder de quitarla. De ahí el deber que el hombre tiene de respetar su propia vida, en cuanto don de Dios que no se ha dado por sí mismo y del cual no tiene derecho de disponer a su antojo. Y al mismo tiempo debe respetar la vida de los otros.

La prohibición de matar es una de las leyes esculpidas en el corazón de todo hombre, de todo tiempo, de toda religión, incluso de quien no tiene más religión que su yo personal. El decálogo está inscrito en la conciencia, está inscrito –nos guste o no– en el corazón de cada hombre, aunque el hombre haya tratado de borrarlo por los malos ejemplos o por sus vicios.

Cuando Jesús, en el Sermón de la Montaña narrado por el evangelio de Mateo en el capítulo 5, recuerda el mandamiento de no matar, añade también la prohibición de la ira, del odio, de la venganza. Y añade el deber de amar a los enemigos. Va, en suma, más allá del mero respeto a la vida. Es cierto que está la cuestión de la legítima defensa: pero, ¿para salvar la propia vida, es decir, para defenderse, se puede llegar a matar? Es habitual responder: si uno tiene solamente la intención de defender su propia vida, por lo cual el homicidio del atacante no se ha querido, sino que ha sido necesario para la propia defensa, se actúa lícitamente. Salvo en caso de exceso de defensa.

La legítima defensa, sin embargo, puede ser no solo un derecho, sino también un deber para quien es responsable de la vida de otros o del bien común. Ciertamente, lo importante es dejar al agresor en condiciones de no perjudicar a nadie. Antiguamente, cuando se debía infligir una pena proporcional a la gravedad del delito, en casos de extrema gravedad se consideraba lícita la pena de muerte. Hoy, las condiciones normales de los Estados son tales que se puede encarcelar a una persona de modo que no pueda perjudicar más, sin necesidad de recurrir a la pena de muerte. Además, porque la pena debe ayudar a la corrección del culpable, o por lo menos debe tender a ella.

Pero en muchos Estados desafortunadamente se ha declarado lícito el aborto. Y así cada día, millares de niños son asesinados, contraviniendo directamente el quinto mandamiento de Dios y al mismo tiempo la dignidad de la persona humana. Porque debe quedar bien claro a todos que la vida humana se inicia de modo absoluto desde la concepción: desde ese momento la vida debe ser protegida y defendida.

La ley italiana, por ejemplo, después de proclamar hipócritamente el respeto a la vida, afirma que hasta el nonagésimo día se puede abortar. No se entiende sobre qué bases se llega a decir que del nonagésimo día en adelante existe la obligación de respetar la vida mientras que antes no.

Sinceramente no puedo comprender qué diferencia hay entre un feto de ochenta días y uno de noventa. Obviamente no hay ninguna diferencia. Como tampoco la hay entre un feto de ochenta días y uno de setenta. Y entre un feto de setenta días y uno de sesenta. Y así hacia atrás hasta la concepción. Por eso sostengo que esta ley se basa en una mentira. Es una ley equivocada, inspirada en los partidos de fútbol: en el nonagésimo minuto el árbitro pita y el partido acaba.

El derecho a la vida de cada individuo humano que nace es un derecho inalienable y un elemento constitutivo de toda sociedad civil. ¡Y pensar que se quiere hacer aprobar el aborto como un símbolo de progreso! La Iglesia católica habla claro: el consentimiento o la cooperación formal en un aborto es una culpa grave que hace incurrir en la excomunión. Por no hablar de los efectos psicológicos sobre tantas mujeres que no se podrán perdonar nunca a sí mismas este crimen. Frecuentemente son los hombres los que hablan de la legitimidad del aborto. Y yo me pregunto: ¿saben qué peso le están imponiendo a las mujeres? Son pesos que después cargan las mujeres, no ellos. Tengamos al menos la prudencia de callar. Me sorprendo también con los médicos que practican abortos. El médico tiene la misión de cuidar la vida. De este modo, aunque la ley civil los absuelve, ante Dios son unos asesinos. Y tienen incluso un patrón: el rey Herodes, autor de la matanza de los inocentes.

El embrión, por su parte, debe ser tratado como una persona. Es igualmente una locura producir embriones destinados a ser utilizados como material biológico disponible.

Otra forma de atentado contra la vida es la eutanasia. Consiste en poner fin a la vida de personas enfermas o próximas a la muerte. Aunque sea hecha con la intención de poner fin al sufrimiento, es un homicidio contrario a la dignidad de la persona y a los derechos de Dios, único Señor y dueño de la vida. Él la ha dado y le compete a Él decir hasta cuándo. Los que conocen los méritos de los sufrimientos de Cristo o de cuantos se unen con su propio sufrimiento, no dudan en proclamar el valor de la vida incluso en el sufrimiento.

Sin embargo, a lo que sí se debería renunciar es al denominado «ensañamiento terapéutico», es decir, a procedimientos médicos costosos y peligrosos, extraordinarios y desproporcionados. Si se desiste de estas terapias no se está procurando la muerte, sino que se acepta que esta no se puede impedir. El *Catecismo de la Iglesia católica* afirma:

> «Aunque la muerte se considere inminente, los cuidados ordinarios debidos a una persona enferma no pueden ser legítimamente interrumpidos. El uso de analgésicos para aliviar

los sufrimientos del moribundo, incluso con riesgo de abreviar sus días, puede ser moralmente conforme a la dignidad humana si la muerte no es pretendida, ni como fin ni como medio, sino solamente prevista y tolerada como inevitable. Los cuidados paliativos constituyen una forma privilegiada de la caridad desinteresada. Por esta razón deben ser alentados» (CCE 2279).

Es necesario ser claros con respecto a la necesidad de respetar la vida siempre, en relación a la obligación de respetar el quinto mandamiento, a saber: no matar. Si se violan los principios irrenunciables, quién sabe dónde terminaremos. Desgraciadamente detrás del no respeto al quinto mandamiento hay frecuentemente motivos económicos. Se hacen abortos y se concede la «dulce muerte» porque es una fuente de ganancia. San Pablo dice que la sed de dinero es la raíz de todos los males. Y tiene razón. Por dinero el hombre se hace ciego ante cualquier delito.

Pero no existe solo la obligación de respetar la vida de los otros. También hay que respetar la propia vida. La vida, lo repito, es un don de Dios. Es Él quien nos la ha dado. Es Él quien sigue siendo el dueño absoluto. Nosotros no podemos disponer de ella como nos parezca y nos plazca, sino que debemos usarla, más bien, para el fin para el cual nos ha sido dada: la salvación del alma.

Hoy, desafortunadamente, el suicidio es frecuente en las denominadas naciones del bienestar. Pero casi no se da en las poblaciones en estado de miseria de Asia, de África o de América Latina. Por lo general, quien se quita la vida no piensa en la ofensa que causa a Dios, ni en los sufrimientos que causa a sus seres queridos, amigos o conocidos. Pero no olvidemos que hay muchas causas que pueden atenuar la culpa del suicidio: en primer lugar, graves trastornos psíquicos; momentos de desesperación; sufrimientos insoportables. No podemos afirmar nunca que un suicida muere en pecado mortal, aunque el suicidio en sí es un pecado mortal porque atenta contra el quinto mandamiento: no matarás. Es posible que cuando uno llega a este terrible momento tenga un instante de arrepentimiento que precede a la muerte. Y, efectivamente, la Iglesia ha cambiado ostensiblemente su posición frente a los suicidios. Antes los excluía del funeral religioso. Hoy, con justicia, piensa que solo Dios es juez y la tarea de la Iglesia es solamente la de orar. De hecho, también para los suicidas se hace el funeral religioso y se recomienda orar por el eterno descanso de sus almas.

Pero hay otros campos, sin duda menos dramáticos, en los cuales el hombre puede ejercitarse en el respeto a la vida. Por ejemplo, rehuyendo los vicios como la droga, el alcohol, etc. La buena salud y la paz interior son un estímulo para el respeto a la vida. Esa vida, lo repito, que no nos hemos dado nosotros mismos.

Es Dios el que nos ha querido y es junto a Él adonde un día no muy lejano estamos destinados a volver.

Pasamos muchas tardes durante varios meses, es más, años, en casa de Angelo y Dora. Sustancialmente, por mucho tiempo nada cambia. Angelo, poseído por Satanás, siempre simula en nuestra presencia que está bien. Por lo demás, es decir, todo el tiempo que permanece solo junto a su mujer, es un hombre perdido en un mundo únicamente suyo, taciturno e irascible al mismo tiempo, esclavo hasta los tuétanos de quien está presente, vivo y operante dentro de él.

El padre Cándido nunca ha tenido que vérselas con una posesión tan difícil, en el sentido de que nunca se ha encontrado ante un poseído capaz de resistir a oraciones y exorcismos con la constancia y la obstinación de Angelo. Además de nosotros dos, muchas veces han ido a visitarlo varios médicos, psiquiatras, neurólogos. Algunos han diagnosticado una depresión aguda, otros no. Pero ninguno de los tratamientos, ni siquiera los basados en psicofármacos potentísimos, ha surtido ningún efecto.

Angelo se atiborra de medicinas, sigue servilmente las indicaciones de los distintos doctores, expertos en enfermedades mentales, pero el resultado es absolutamente igual a cero.

Quien se le acerca lee en sus ojos la muerte, la desesperación, una tiniebla verdaderamente difícil de describir con palabras.

Una noche Dora oye a su marido lamentarse. En el lecho junto a ella, gime y al mismo tiempo dice: «Ayúdame tú, ayúdame tú».

Dora enciende la luz y lo mira; Angelo, tendido fuera de las sábanas, abraza una pequeña imagen de san Miguel arcángel. La aprieta fuerte contra el pecho, como un niño aprieta un peluche antes de dormirse.

—Angelo, ¿qué haces, no te encuentras bien? ¿Necesitas ayuda?

Pero él sigue gimiendo y dirigiéndose a san Miguel arcángel así: «Tú que ya has vencido, ¡ayúdame!».

Son solamente estos los pocos y raros momentos en los que Angelo está presente en sí mismo. Es él el que ora a san Miguel para que lo libere de Satanás, que vive incansable dentro de él. Por lo demás, Angelo no dice nada. Más bien, sigue obstinadamente sin hablar.

Muchas veces el padre Cándido hace ir a casa de Angelo y Dora a otros exorcistas. En efecto, sabe que si bien es verdad que todos los exorcistas son iguales, en el sentido de que la persona en el nombre de la cual obran es la misma para todos, es decir, Jesucristo, también es verdad que a veces un exorcista logra algo donde otro durante años no ha podido hacer nada. ¿Por qué? Es un misterio que solo Dios puede responder.

A este respecto recuerdo siempre las historias que me contaban del beato Leopoldo Mandic, nacido el 12 de mayo de 1866 en Castelnuovo, en la Dalmacia meridional. Entró a los dieciséis años en los frailes capuchinos de Venecia. Pequeño de estatura, giboso y débil de salud, es uno de los santos más recientes de la Iglesia católica. Al entrar en los capuchinos, colaboró en el intento de reunificación de la Iglesia católica con la Iglesia ortodoxa.

Este era su deseo, pero no se realizó nunca, porque en los monasterios donde lo asignaron le fueron confiados otros encargos. Se dedicó sobre todo al ministerio de la confesión, y en especial a confesar a otros sacerdotes. Desde 1906 desarrolló este deber en Padua. Fue apreciado por su extraordinaria mansedumbre. Su salud se deterioró poco a poco, pero hasta cuando le fue posible no dejó de absolver en nombre de Dios y de dar palabras de ánimo a cuantos se le acercaban. Murió el 30 de julio de 1942. Su tumba, abierta después de veinticuatro años, reveló el cuerpo completamente intacto.

Bien, este fraile, que durante toda su vida «se encerró» en un confesionario, a menudo se encontraba con poseídos. Personas que durante años padecían exorcismos sin resultados sustanciales. Se las llevaban de todas partes de Italia. Él llegaba y, con una sencilla oración, las liberaba definitivamente de la presencia demoniaca. Bastaba solo una bendición suya para que Satanás huyera. ¿Por qué? ¿Cómo era posible esto? Porque era santo, sin duda; pero también porque, como dije, a veces donde no puede un exorcista, puede, en cambio, otro. No se conoce el motivo, pero la verdad es que Satanás huye ante algunos exorcistas y ante otros no; asimismo, también se ha establecido que a veces él teme a los nombres de unos santos y otras veces los de otros. En conclusión, cada posesión es un caso especial, difícilmente previsible y explicable con categorías ciertas.

Pero con Angelo Battisti ni siquiera este «truco» puede. Los exorcistas llegan uno tras otro a su casa, pero su imperturbabilidad no cambia; es más, permanece siempre igual. Angelo es un hueso duro. Angelo es la imperturbabilidad por excelencia.

Un día, sin embargo, sucede un hecho extraño. Angelo se despierta y se siente mal. Tiene una hinchazón en el cuello, a la altura de la garganta. Es como una gruesa pelota que se ha formado de repente bajo la piel. Se asusta, cree que tiene una grave enfermedad, tal vez un tumor. También Dora se alarma. El padre Cándido es llamado inmediatamente y es una sabia decisión. Él, de hecho, tiene una intuición inesperada.

—Querido Angelo, creo que te debes hacer unos buenos controles médicos, pero por el momento, ¿por qué no vas a Arezzo a ver a monseñor Angelo Fantoni?

—¿A quién?

—Angelo Fantoni, dicen que tiene dones de curación notables. Vive en olor de santidad, quizá te pueda ayudar a resolver este pequeño problema.

Y Angelo, en lugar de encerrarse en sí mismo, increíblemente responde:

—¿Por qué no? Voy a ir.

Angelo Fantoni nació en Freggina, en Casentino, el 2 de mayo de 1903, y el 18 de marzo de 1930 fue ordenado sacerdote. Después de un breve paréntesis en Camaldoli y una estancia en Francia, Brasil y otros países, ocupó una parroquia en la frontera entre Italia y Francia. El 1 de enero de 1938 fue nombrado capellán en Vecchiano de Pisa; el 30 de septiembre de 1939 se convirtió en ecónomo espiritual de Santa María en Cordoso de Stazzema, en la provincia de Lucca. En 1948 fue transferido a Verniana, parroquia en la diócesis de Arezzo cerca de Monte Savino, donde permaneció hasta su muerte.

El padre Cándido no insiste en decirle a Angelo que monseñor Fantoni es un exorcista muy poderoso y también un sacerdote al cual recurren centenares de personas por cualquier necesidad. Con toda probabilidad Angelo conoce la fama de monseñor Fantoni, pero al padre Cándido le basta la disposición de su amigo para ir a Verniana; es inútil decir algo más. Cree que la Providencia, en todo caso, hará su parte. «¿Donde no puedo yo y donde no han podido otros, podrá monseñor Fantoni?», se pregunta el religioso sin esperanza.

Dora se queda en casa. Decide no acompañar al marido a la Toscana. Probablemente, al encontrarse solo con el exorcista toscano consiga abrirse, dejarse ayudar, superar el mal que lo atenaza y del cual no habla con nadie.

Angelo parte en tren, una mañana de finales del verano, después de haber dicho simplemente a Dora: «Me voy».

Hace años que no sale de casa. Es extraño verlo ahora caminar hacia la estación. ¡Quién sabe qué pensamientos invaden su mente mientras, sentado en el vagón del tren, observa los campos deslizarse junto a él! ¡Quién sabe qué miedos, qué expectativas!

El viaje transcurre del mejor modo. Sin embargo, cuando

llega a Monte San Savino, no habla con nadie. En un pequeño hotel se encierra en la habitación durante unos días. Hace llevar el almuerzo y la cena a la habitación, pero de hecho siempre come muy poco. Entre esas cuatro paredes no tiene nada que hacer. Pero ha llevado algo para leer. Después de tanto tiempo vuelve a abrir un libro. Es una obra de Gino Vinelli, de 1950. Se titula *Padre Pio, il Francesco d'Assisi del XX secolo. Nel XXXII anno delle stimmate. (Padre Pío, el Francisco de Asís del siglo XX. En el año XXXII de sus estigmas)*. Lee y se conmueve. Los recuerdos de su antiguo amigo lo dejan sin aliento y lo hacen llorar. Quién sabe por qué solo ahora, lejos de casa, se le ocurre abrir esas páginas. Lee y relee, deleitándose en el recuerdo y dejándose acunar por el silencio que lo circunda.

Después, de repente, una mañana, se viste y sale del hotel. La parroquia de Verniana no está lejos. Angelo camina, sumergido en sus pensamientos.

¿Qué lo mueve a buscar a monseñor Fantoni? ¿De dónde saca las energías para buscar al sacerdote, cómo consigue mover con una determinación inesperada su voluntad para ir al encuentro de un sacerdote?

Es difícil responder. Tal vez es el miedo a la enfermedad, la posibilidad de la muerte, que ahora se ha convertido en real, o sabrá Dios qué.

Monseñor Fantoni no está, le dicen en la iglesia, pero debe de estar al llegar. Angelo sale y espera en el atrio. De repente, a lo lejos del camino, ve a un hombre anciano, delgado y con un sombrero negro en la cabeza, que viene hacia él. Tiene grandes anteojos negros, y una larga sotana bordada de morado (con muchos botones color púrpura) que le cae hasta debajo de los tobillos. No duda: ese hombre es el sacerdote que ha venido a buscar.

De lejos, monseñor Fantoni lo ve y alza un brazo en señal de saludo.

—Me habrá confundido con otra persona –piensa Angelo–. No le he dicho a nadie nada sobre mi llegada.

Pero el sacerdote, cuanto más avanza, más sonríe, como si conociera a Angelo desde hace mucho tiempo.

—Aquí estoy, querido amigo, ¿me esperabas?

—Pues –responde Angelo un poco confuso– sí, efectivamente.

—Se trata de esa fea hinchazón, ¿verdad? Ya veo, ya veo... Pero sabes qué te digo: ¡No es nada! ¡Nada! ¡Desaparecerá en pocos días!

Y sin añadir más desaparece dentro de la iglesia.

Angelo está sin palabras. Angelo está trastornado. Angelo se toca la hinchazón que le inflama el cuello hasta dentro de la garganta y no sabe qué hacer ni qué decir. Después de unos minutos se dirige hacia el hotel, hace las maletas y vuelve a casa. Regresa a Roma. En su fuero interno está seguro de que las palabras del sacerdote son verdad, pero al mismo tiempo no puede explicar ni cómo es posible que se sienta tan seguro, ni qué ha hecho ese sacerdote para saber el motivo de su viaje.

Sube al tren y en pocas horas está de nuevo en Roma, en casa. Dora sale a su encuentro, lo abraza, pero él otra vez no dice nada. Ella nota de inmediato que su marido no ha cambiado. Está todavía como estaba antes de partir, taciturno, silencioso, intolerante; en conclusión, todavía está poseído.

Angelo entra en el baño, se toca el cuello. Ya no está. Desapareció completamente. Se gira hacia Dora y únicamente le dice:

—No tengo ganas de hablar contigo, pero de todos modos estoy bien, no tengo nada.

—Me alegra, Angelo. ¿Pero has podido hablar con monseñor Fantoni? ¿Qué te ha dicho?

—No me ha dicho nada. Únicamente que no tenía nada que temer por la hinchazón del cuello, que no me preocupara, en conclusión.

—¿Pero no le hablaste un poco de ti, no te quedaste un poco con él?

—No, no le he hablado. ¿Y para decirle qué, además? Estuve unos días en el hotel, después me crucé con el sacerdote por el camino e inmediatamente después me vine de regreso. Nada más. Y ahora, te lo ruego, déjame solo.

—¿Y eso es todo?

—Sí, eso es todo.

Angelo vuelve a encerrarse en su mundo. El único cambio respecto a antes se puede reconocer en una estampa que decide colocar en su mesita de noche. Cada tanto la toma en la mano, la mira, y después la coloca en su sitio. Se trata de una pequeña estampa que Angelo encontró en la iglesia mientras preguntaba dónde estaba monseñor Fantoni. Tiene escrita una oración dedicada a la Virgen de las Vertighe, un santuario cerca de Monte San Savino. Originariamente, el santuario estaba anexo a un priorato camaldulense construido en 1073. A mediados del siglo XV fue reconstruido englobando la capilla medieval, cuyo ábside, trasladado según la leyenda desde el condado de Asciano alrededor del 1100 y conservado en el actual altar mayor, guarda el fresco de la Virgen en mandorla, objeto de devoción popular. Al tenerla en la mano antes de la llegada de monseñor Fantoni, Angelo sintió un irrefrenable deseo de visitar el santuario donde se conserva la imagen. Pero después rechazó con no poca violencia interior este deseo.

De vez en cuando, Angelo mira esta estampa, pero sería demasiado decir que ora. La mira y se deja mirar. No obstante, una cosa es innegable: Monte San Savino, monseñor Fantoni y la parroquia de Verniana le han dejado algo. Tal vez no sea más que una punta de alfiler en medio del gran mal que lo posee. Pero a veces es también a partir de una nada, de un alfiler precisamente, como se pueden vencer las grandes batallas.

Pero precisamente después de su visita a monseñor Fantoni la situación en casa se precipita. La víctima de este nuevo empeoramiento del ambiente familiar es la pobre Dora. Pero el verdugo no es Angelo, sino una presencia invisible, una presencia que ya Dora conoce bien porque es desde hace mucho tiempo la que habla a través de su marido.

—Tú me has mandado donde monseñor Fantoni, ¿verdad? ¿Eres tú quien le ha dicho al padre Cándido que me propusiera esta «excursión»? Ahora verás lo que te sucederá.

—Yo no he hecho ni dicho nada. ¡El padre Cándido ha hecho todo solo! ¿Quién eres tú para amenazarme de este modo?

—Pobre estúpida, ¿no has comprendido quién soy? Yo soy tu pesadilla. Yo soy el que acabará este absurdo matrimonio. ¡Yo soy el que te hará escapar para siempre y a paso rápido de esta casa!

—Llegará el momento en que Angelo retome el control sobre sí mismo. Y tú desaparecerás para siempre. No te temo.

Un día Dora se encuentra en la terraza. Riega las plantas, las flores. Dentro de la jardinera hay un viejo pedazo de lata. Está ahí desde hace tiempo, bien enterrado en la tierra, es imposible que se mueva solo. Sin embargo, de repente, Dora lo ve venírsele encima. Instintivamente se gira hacia la otra parte, la chapa le hiere la frente, pero gracias a su repentino movimiento, salva por pocos milímetros los ojos. Dora debe acudir a urgencias, hacerse poner algunos puntos, y después volver a entrar en casa entre las risas de desprecio de su marido.

Otra vez Dora está limpiando el rellano de las escaleras. No hay nadie alrededor, pero en cierto momento siente un empujón por detrás que la arroja al suelo, haciéndola rodar por las escaleras. La lanza al suelo causándole distintos moratones, pero afortunadamente no se fractura nada.

Y otra vez, en casa, una tarde de limpieza. Ahora es una estantería la que le cae encima de la nada. Una pequeña mesa puesta entre ella y la estantería amortigua por suerte el golpe, pero un gran chichón en la cabeza le acompañará durante varios días.

Sucede siempre así. Cuanto más pasos se dan contra el mal y hacia el bien –en el caso de Angelo la visita a monseñor Fantoni que, evidentemente, sin beneficios aparentes, ha perturbado mucho a Satanás–, más se desencadena el demonio, y la vida de los poseídos, y sobre todo la de los que están a su alrededor, se convierte en un infierno. Es difícil de explicar, pero estos son los hechos. Cuando la batalla se hace particularmente áspera, cuando un poseído de algún modo intenta salir de la posesión o alguien externo se pone delante para ayudarlo en ese esfuerzo titánico, Satanás se desencadena. Y se pueden vivir días verdaderamente infernales, días de pasión pura. Son los días de terror que Angelo hace vivir a su mujer a partir de su regreso de la excursión a la Toscana.

Días de desesperación y de tinieblas sin fin. Para Dora son los días del calvario.

Han pasado ya seis años desde que Angelo se jubiló. Seis años de infierno para Dora y también para él. Pero ahora, después de tanto tiempo, todo el asunto, en lugar de resolverse, se hace más difícil, más duro; en fin, la posesión asume una fisonomía dramática.

Pronto Dora decide dormir en una habitación destinada a los huéspedes. Debe encerrarse dentro. En efecto, por la noche Angelo, sobre todo de las dos a las tres de la mañana, está literalmente fuera de sí. Lanza todos los objetos que encuentra a mano por la casa. Destruye libros, cuadros, platos, vasos, todo. Si encuentra frente a sí a su mujer, le pega, incluso con violencia. En poco tiempo la casa de los dos cónyuges está irreconocible. Dora no puede poner freno a la furia destructiva de su marido y emplea muchos días en arreglar y reparar en parte los daños provocados por él. La lucha es desigual.

Es como tener libre por la noche una pantera hambrienta. Voraz, feroz, nerviosa, sobresaltada de una habitación a la otra destruyendo todo. Y Dora, encerrada en la habitación de los huéspedes, de rodillas implora a Dios que haga algo, que intervenga, que le restituya aquella paz que desde hace tiempo le ha quitado.

No hay un motivo aparente para justificar una posesión similar. ¿Por qué? No ha sido una misa negra, no ha sido ninguna acción voluntaria de Angelo lo que la ha provocado, no ha sido espiritismo, no han sido maleficios. ¿Y entonces cómo ha podido suceder? Tampoco el padre Cándido tiene respuestas. Pero de vez en cuando dice: «Puede ser que Dios haya decidido probar duramente a Angelo para purificarlo hasta el fondo de su alma antes del encuentro definitivo con Él. O este sufrimiento ha sido permitido por Dios porque a través de Angelo y los sufrimientos de Dora muchas almas del purgatorio son liberadas y entran finalmente en el paraíso, en la plena comunión con Dios. Todo es posible, el sufrimiento es siempre inexplicable, pero si se ofrece a Dios puede dar mucho fruto».

Pero Angelo no habla nunca de esta ofrenda... sufre y basta.

No sabemos qué pensamientos hay en su corazón. El alma de los hombres es un misterio insondable. Y, en todo caso, toda esta triste historia queda como un misterio en verdad inexplicable. Una historia que se puede resolver solo con un giro violento.

Una mañana el padre Cándido se presenta en casa de Angelo y Dora sin avisar. Está decidido y resuelto, tiene algo en mente. Sabe que la situación no puede seguir así. En poco tiempo Angelo llevaría a Dora a la muerte o moriría él mismo. Satanás, el gran destructor, está destrozando su amor, lo está lacerando desde dentro, decidido a dejar después de su paso solo un cúmulo de escombros. Los escombros del diablo. Las migajas del vínculo. El fin de todo, la división de todo.

—Soy el padre Cándido, Dora, ábrame.

Del interior una voz de mujer:

—Padre, no sé si es oportuno... No lo esperaba...

—Dora, no se preocupe, debo hablar con Angelo de inmediato.

—Pero padre, precisamente ahora...

—Sí, por favor, ¡abra!

La puerta se abre y una gran destrucción se presenta a los ojos del sacerdote exorcista. El padre Cándido nunca había entrado en esa casa por la mañana. Siempre por la tarde y por la noche después de que Dora había pasado horas organizando más o menos todas las cosas. Nunca había entrado y el primer sentimiento que tiene ahora es de gran repulsión.

Quisiera huir. Sus ojos están obligados a observar mucho

dolor, mucha destrucción. El mal sabe ser un huracán a veces y es increíble cómo a la potencia del huracán el destino llama a responder a una sola y pequeña mujer inerme: Dora.

El padre Cándido avanza entre los escombros. Dora se recuesta y llora.

Las cortinas de las ventanas están rotas en mil pedazos, algunas incluso están quemadas. Ningún armario está en su sitio. Están todos caídos en el suelo. En la sala hay una enorme pila de libros. Abiertos, rotos, reducidos a pequeños fragmentos, parecen listos para una inmensa fogata.

¿Pero cómo conseguía todos los días, pobre mujer, volver a ordenarlos? ¿Hasta qué punto una mujer puede querer tanto a su marido? ¿Es tal la abnegación que una mujer puede poner en juego por amor?

El padre Cándido entra en la cocina. En el fogón, una olla está fundida, quemada porque probablemente fue dejada allí durante horas. En el suelo hay una mezcolanza de sal, harina, azúcar, café, huevos, tomates, varias frutas y también bebidas surtidas. Forman una única papilla maloliente. Pero lo peor es el baño. Las heces embadurnan los muros, heces que parece imposible que sean de un solo hombre. Sin embargo, es así. Hasta tal punto Satanás lleva a Angelo a expresarse. Hasta tal punto el mal sabe obrar.

El dormitorio está menos deteriorado. Aquí el espectáculo terrorífico no son los muebles y adornos. Aquí el horror es Angelo. Echado en la cama, aprieta una vez más la estatua de san Miguel arcángel. De su boca sale un lamento indescifrable. Tiene la cara blanca, la barba sin afeitar, la ropa sucia.

No se percata de la presencia del padre Cándido, que de repente alza la voz:

—¡Aquí estás finalmente! ¡Después de tanto tiempo te encuentro, espíritu maléfico que no eres otro! ¡Pensabas huir! ¡Ahora estoy aquí y debes vértelas conmigo!

Angelo abre los ojos. Esta vez no es respetuoso, gentil, delicado, en resumen, normal como las otras veces. Ahora, efectivamente, no puede disimular porque ha sido pillado por sorpresa.

Y empieza a reírse, primero en voz baja, después de buena gana, y luego groseramente. Se le ríe a carcajadas en la cara al padre Cándido que, entretanto, ha empuñado una cruz y se ha revestido con la larga estola morada. Sus armas, sus defensas, sus espadas.

Angelo se ríe y después de repente vomita una enorme cantidad de papilla verde. La vomita encima del padre Cándido que, sin embargo, no recula. Es más, avanza. Aprieta la cruz contra el pecho de Angelo, que tiembla, ahora inmóvil sobre la cama.

Angelo ahora está asustado, mejor dicho, aterrorizado. Y grita como un animal que de un momento a otro debe ser desollado.

—¡Yo te ordeno, en el nombre de Cristo, vete! ¡Sal de aquí! Deja en paz a este siervo de Dios. ¡Abandona su cuerpo!

Parece increíble, pero en ese justo instante Angelo vuelve en sí.

—Padre, ¿qué sucede?

—Nada, Angelo, por una vez he vencido yo.

Ciertamente, la liberación es momentánea. Al día siguiente, en efecto, todo vuelve a ser como antes. La liberación definitiva no es nunca fruto de un solo exorcismo. Es el resultado de muchos exorcismos, de muchas batallas extenuantes.

—Pero tal vez he encontrado un camino –dice el padre Cándido–. Es más, para ser sincero no lo he encontrado yo.

—¿Entonces quién? –le pregunto.

—Creo que ha sido monseñor Angelo Fantoni.

Así nos salva

Tal vez alguien fruncirá el ceño y se preguntará: ¿pero cómo?, ¿un capítulo entero dedicado a la oración? Pero es un tema decisivo, ella por sí sola puede hacer cambiar totalmente de dirección la vida. Aquí, al igual que en los demás capítulos abordados, es necesaria una condición previa, un punto de partida del que no se puede prescindir: creer en Dios, ya que la oración es diálogo con Dios. Y no se puede orar si no se deja abierta la posibilidad de creer en Él, aunque sea mínimamente. Pero es también cierto que con frecuencia es la oración misma la que nos lleva a creer en Dios, y es siempre la oración la que nos permite no abandonarlo.

Para creer en Dios es necesaria la fe; la fe es un misterio, y solamente con la oración se alimenta la fe. ¡Y ay si no se alimenta! En efecto, también la fe, como todas las cosas humanas, se puede perder.

Me gradué en Derecho en 1947, pero después de ese año dejé de dedicarme a ello. Hoy puedo decir que no sé casi nada. Dos personas se aman y se casan. Si no protegen y alimentan su amor, un mal día se darán cuenta de que ya no se aman. Siempre es así y así es también con la fe. La fe que tiene hoy el Papa, por ejemplo, no es comparable con la fe que tenía cuando era niño. Desde entonces hasta hoy ha crecido porque la ha alimentado. ¡Y cuánto ha orado! Quien no cuida la fe, quien no la alimenta, la pierde.

He conocido a muchas personas que me dicen: «Creo, pero no soy practicante». Si antes eran practicantes, esto significa que poco a poco se han alejado de la oración, se han alejado de Dios y de sus leyes. Y han perdido la fe, es lógico. Si, en cambio, nunca han sido practicantes, los motivos pueden ser varios. Siempre que un sacerdote abandona el sacerdocio, después del largo período de formación, el origen de su crisis está en un abandono progresivo de la oración. Todas sus dificultades se habrían resuelto si hubiera orado más. Efectivamente, sucede que cuanto más se ora, más se orará, y cuanto menos se ora, menos se orará. Así pues, la oración puede convertirse en una necesidad y una alegría. Veamos por qué.

La oración es un diálogo personal con Dios, Padre bueno, que nos ama, nos llama, nos espera, nos escucha. Él no es un Dios terrible, un juez severo. Es sumamente paternal, casi maternal. Por lo demás, ya el profeta Oseas nos lo describe como una madre que se inclina sobre el niño para enseñarle a caminar, lo lleva con amor en sus brazos. Es un Dios que demuestra su poder con la misericordia y el perdón, que no quiere la muerte del pecador, sino más bien que se convierta y viva, que ame todo lo que ha creado para él. Jesús nos lo presenta como Padre y no duda en llamarlo *Abbà,* es decir, «papá». ¿Y qué debemos decirle? Cuanto más lo amamos, menos nos cansamos de hablarle, de dirigirle oraciones de alabanza y de adoración por su grandeza y su bondad; oraciones de agradecimiento porque recibimos todo de Él: el tiempo, la salud, el trabajo, el lugar donde vivimos, la familia, los amigos; oraciones que son peticiones de perdón porque debemos ponernos en el rol de aquel publicano del Evangelio que con la cabeza baja se golpeaba el pecho y decía: «Ten piedad de mí que soy un pecador». Hacemos muchas oraciones de petición, es verdad, aunque el Señor sabe mejor que nosotros qué necesitamos, pero de todos modos nosotros le pedimos a Él porque tenemos necesidad de todo: salud, trabajo, afecto, comprensión.

Jesús es el modelo de oración. Oraba día y noche, y recibía del Padre la fuerza para hacer siempre su voluntad. Les insistía a los apóstoles que oraran con fe y perseverancia; les enseñó a orar en su nombre para estar seguros de obtener todo. A la petición de los apóstoles, «Señor, enséñanos a orar», respondió enseñándoles el Padrenuestro, que es la síntesis de todo el Evangelio y se ha convertido en la oración fundamental del cristiano.

¿Cómo se comienza a orar? El primer lugar de educación en la oración es la familia. Los niños están siempre dispuestos a aprender. Es importante que los hijos siempre vean orar a los padres. Es necesario enseñarles desde temprana edad las primeras jaculatorias sencillas. Pronto, con curiosidad e interés, comenzarán a diferenciar las imágenes de Jesús y de la Virgen, y a darles sus manifestaciones de afecto. Después, cuando sepan caminar, irán acompañados a misa todos los domingos, o a otras visitas a la iglesia y empezarán a reconocer el Sagrario y las diferentes imágenes sagradas. Más adelante ayudará la parroquia y la catequesis. Para mucha gente, son de mucha ayuda los grupos de oración que se han multiplicado después del concilio Vaticano II. Con la perseverancia en el sacramento de la confesión, aprenderán también a buscar la ayuda de un director espiritual.

Los tiempos de oración nos ayudan a perseverar. La oración de la mañana y de la tarde, al menos la señal de la cruz antes de las comidas. Y también el tiempo de la misa o tal vez de una visita a la iglesia. Puede ser también el tiempo del Rosario y de la adoración eucarística. Debemos frecuentar a Dios; de otro modo, ¿cómo podemos conocerlo y amarlo? Por esto es necesario orar durante el día, también en soledad, y varias veces. Cuando estamos enamorados, queremos estar siempre con quien amamos. Así debe ser con Dios. ¿Lo amas? Ve a buscarlo, trata de estar siempre con Él. Las oraciones privadas son tan importantes como las oraciones públicas. Los domingos son momentos importantes, así como las fiestas litúrgicas y las festividades religiosas locales.

Es necesario acordarse todos los días de Dios. Puede haber ocasiones extraordinarias muy útiles, como las peregrinaciones a santuarios. Queda claro que se puede orar siempre y en todas partes: en casa, en la iglesia, en el coche... No existe un lugar donde no se pueda orar. Pero es necesario, a fin de que se pueda orar siempre, que cada día se destine al menos un cuarto de hora o media hora de verdadero silencio. En casa, en la iglesia, o en cualquier otra parte, se debe destinar un espacio para estar con Dios, mirarlo y dejarse guiar por Él. Le podemos confiar nuestras preocupaciones, nuestras necesidades, nuestros sentimientos. Y así nos podemos acostumbrar a escucharlo. Recuerdo a una anciana que se quejaba con su párroco: «Yo hablo siempre con el Señor, pero Él nunca me dice nada». Y el párroco le respondió: «¡Con razón, si siempre habla usted! Aprenda a estar en silencio ante Él y lo oirá hablar».

Comprendo las dificultades de hoy y hablaré de ellas, pero antes quiero hablar de las consecuencias de quien tiene una vida entrelazada con la oración a Dios y de quien no la tiene. Quien ora, tiene clara su relación con Dios y se aferra a la fe, progresa en la fe. Quien no ora, no ve ni a Dios ni ningún objetivo en la vida. Si aquín en la vieja Europa católica (Italia, Francia, Austria, España, Portugal, Irlanda), estamos viviendo un espantoso derrumbe de la fe, es porque se ha dejado de orar. Cuando sucede que un sacerdote abandona su ministerio y, como se decía antes, cuelga los hábitos, con seguridad habrá siempre otras causas, pero la primera es el abandono de la oración. Después de muchos años de formación, un sacerdote que ora está siempre capacitado para superar las batallas de la vida.

Y vayamos a las causas que llevan a un hombre a orar o a no orar más. Hoy, por lo general, yo diría que demasiado a menudo, ya no hay en la familia educación en la oración y en la vida cristiana. Se pierde así el período precioso de los inicios, con el riesgo real de que no se recupere nunca más el terreno perdido, a menos que haya una verdadera conversión. Pero el contexto en el que el hombre vive hoy, contrario a la oración y a la fe, no ayuda para nada. En el campo cultural han dictado las leyes la Ilustración, el racionalismo y el comunismo, que les han arrancado la fe a las masas populares: primero a los obreros, después a los agricultores, luego, poco a poco, también a los intelectuales y a los profesionales de todas las ramas. En mi región –provengo de la ciudad de Módena–, con el carnet comunista se encontraba rápidamente trabajo, mientras que sin el carnet era difícil en la temprana posguerra. Recuerdo que el padre Pío, cuando alguien iba a confesarse y decía que tenía el carnet del Partido Comunista, le preguntaba: «¿Eres comunista porque así tienes un trabajo o porque crees en ello?». Si respondía: «Por el trabajo», lo absolvía. Si decía ser comunista porque creía en ello, no lo absolvía si no prometía cambiar.

Luego comenzó la degradación de las costumbres, y gran responsabilidad en ello tienen los Estados Unidos. Desde allí venían películas, algunas buenas, otras no. La disolución fácil del matrimonio la hemos aprendido de aquellas películas y de la vida privada de muchos actores. Entre nosotros no se conocía un hombre que deja cinco mujeres y una mujer que deja cuatro maridos. Después se unió la televisión. De los simpáticos programas como *Doble o nada* se ha pasado a la más descarada inmoralidad, a espectáculos de violencia. ¿Cuántos jóvenes y no tan jóvenes pasan hoy largas horas ante el televisor? Los canales se han multiplicado, por lo cual existe la posibilidad de buenas elecciones. Pero, ¿quién se contenta con lo bueno? Aún más, la invención de los ordenadores y de internet, que te pone el mundo en la mano. Sé que son invenciones maravillosas. Pero si no hay una formación moral, ¿qué uso se hace de ellas? Además, el descubrimiento de la energía atómica ha sido de gran importancia. ¿Pero todos recuerdan cuál fue el primer uso que se hizo de ella? ¡La bomba atómica, que provocó decenas de miles de muertos! Conozco a muchos hombres que me han confesado que usan Internet para encontrar mujeres con las cuales tener sexo incluso buscándolas en países lejanos. ¿Es posible hablarle de oración y de unión con Dios a quien está inmerso en la inmoralidad del mundo de hoy? Ya lo repetía san Pablo: «No os conforméis a las ideas del mundo». Todos estamos llamados a tomar en serio estas palabras.

La oración es un don de la gracia que espera de nosotros una respuesta decidida. Supone siempre un esfuerzo contra nosotros mismos y contra las tentaciones. Es un esfuerzo que disminuye con el ejercicio. Sin duda, los principiantes encuentran varias dificultades: aridez espiritual, distracción, la impresión de no ser escuchados... Pero para orar son necesarias la humildad, la confianza y la perseverancia. La oración es recompensada en abundancia porque es un encuentro con Dios, con su amor. El encuentro con Dios hace siempre bien a quien vive como ora y ora como vive.

El esfuerzo de vivir como cristianos es inseparable del esfuerzo por la oración. Si se me pregunta cuánto se debe orar, no sé responder. Es como preguntar cuánto hay que amar a Dios. Sé que los santos, incluso los más comprometidos en las obras del apostolado, todos han orado muchísimo. El fundador de la orden religiosa de la que formo parte, el beato padre Santiago Alberione, que ha dado vida a diez familias religiosas, oraba no menos de cinco horas al día. Un santo muy popular, san Alfonso María de Ligorio, conocido por sus libros (por ejemplo, *Las glorias de María*), doctor de la Iglesia por la teología moral, solía repetir: «Quien ora ciertamente se salva, quien no ora ciertamente se condena». Me gusta mucho repetir esta advertencia: «Si oro, ciertamente me salvo; si no oro ciertamente me condeno». Intenten también repetirla.

Fue hace más de veinte años.

Fabricio y Pascual fueron llevados a una casa campestre. Gente bien vestida, alegre, sonriente. Aparentemente nada extraño.

Su madre Federica, al entrar en la casa, se olvida de ellos. Los deja vagar por las habitaciones, dos cachorros en una guarida que no les pertenece.

Desde las plantas superiores baja un aroma de incienso. Pascual tiene cinco años, Fabricio tres. Se cogen de la mano mientras, curiosos, pasan de habitación en habitación, espectadores de un mundo desconocido para ellos.

Abren una primera puerta, un hombre y una mujer desnudos echados sobre la cama los miran y sonríen. Los dos huyen confundidos. En otras habitaciones tienen otros encuentros, más hombres y más mujeres juntos, también ellos desnudos, parece que no hay otra diversión para los invitados.

Luego vuelven abajo. En el jardín hay varias velas encendidas. Forman como un gran círculo en cuyo centro hay una mesa de piedra. Sobre la mesa, otras velas, un cáliz y una enorme cruz invertida. Cristo está con la cabeza hacia abajo, y mira a los dos chicos de soslayo.

Federica los llama en voz alta. Se encuentra en el otro extremo del jardín, sentada sobre las rodillas de un hombre. Se levanta, los coge de la mano y los presenta al hombre; este sonríe diciendo: «Aquí están, finalmente, los famosos Fabricio y Pascual. Bienvenidos, mis queridos».

Los dos niños están como hipnotizados. De repente, suenan las campanas. El hombre lleva una larga túnica blanca. Avanza hacia la mesa de piedra con los dos niños de la mano. Federica deja que se los lleve, un poco ebria a causa de tanto vino ingerido en pocos minutos y con el estómago vacío.

Varios invitados forman un círculo alrededor del altar. El hombre, con los dos niños de la mano, se acerca, abre un gran libro e inicia un tipo de rito, oraciones en latín y en lenguas desconocidas. Invoca el descendimiento de varios espíritus, nombres bíblicos de diablos de otras épocas, y luego eleva al cielo un cáliz lleno de semen y otros brebajes. Lo consagra a un dios cuyo nombre los dos niños no pueden descifrar. Luego sostiene el cáliz y los hace beber, dos grandes tragos, de un solo tirón, sin respirar.

A ambos les da inmediatamente un ataque de vómito. Pero el hombre es ágil, tapa su boca con sus dos gruesas manos y los invita a engullir. Todo de una vez, para sellar una perversa unión.

Los dos son dejados en libertad. Un poco trastornados vuelven con su madre, que les hace señas para que se distraigan y jueguen. Han hecho lo que era preciso, ahora pueden divertirse libremente.

Sí, son libres. Por decirlo así, obviamente. Son libres para jugar, pero desde ese momento en realidad son esclavos, esclavos de los satanistas y esclavos de Satanás. Esclavos sin ser conscientes de ello.

El sabor del brebaje es fuerte. Aún se siente en el estómago. Los dos beben un poco de Coca-Cola, el agridulce de la bebida baja al estómago y los ayuda a olvidar eso que, en unas cuantas horas, no se acordarán de haber bebido.

Un poco después, los dos están sentados en un gran sofá en el jardín. No hablan ni juegan. Se miran perplejos, sin saber qué diablos hacen allí. Pasa ante ellos una mujer. En la mano tiene una bandeja con dos pequeños vasos. Les ofrece a los dos que beban una vez más. Esta vez se trata de un somnífero.

Duermen durante horas, hasta la mañana siguiente. El somnífero no se les ha dado simplemente para que olviden, sino también para que no vean lo que sucede en las horas nocturnas en aquella casa circundada por muros y altos setos: su madre, que se entrega a varios hombres; orgías como ritos sacrílegos para consagrar sobre el altar de Satanás.

Al amanecer, Federica los lleva a casa. Sabe lo que les ha hecho, pero no se imagina la gravedad del asunto. Desde aquel día los dos comenzarán a sufrir de diferentes enfermedades. Nada grave, por supuesto, pero trastornos de todos modos incómodos. En especial, el asma atormenta sus días. Ataques agudos, graves, que se solucionan con frecuencia solamente con los primeros auxilios. Y luego la dermatitis, de hecho, incurable. No hay pomada que alivie. Sirve solo esperar que, de repente, todo desaparezca con la misma velocidad con la que ha comenzado. De un momento a otro, la piel se convierte en fuego, y luego, unas horas después, todo desaparece de repente.

Fabricio y Pascual son dos niños como muchos. Frecuentan las escuelas, ni altos ni bajos. Siempre pasan de curso. Pero al final de los estudios obligatorios, deciden ponerse a trabajar. Se presentan en el taller donde en un tiempo trabajaba su padre. El propietario, justo en aquel momento, tiene la intención de expandirse y decide ponerlos a prueba. Después de algunos meses los contrata.

Los dos tienen muchas amistades, varias chicas también. En esencia, llevan una vida normal, si no fuera por ese asma y por esa dermatitis que repetidamente se hacen sentir.

Sin embargo, muchas cosas cambian cuando Federica, después de haberse mudado lejos, decide afrontar su pasado. El encuentro conmigo es la última de una serie de etapas, de citas con sacerdotes que, muchas veces, no han sabido cómo ayudarla adecuadamente. Al comienzo de esta búsqueda, sus hijos empeoran. La aversión a lo sagrado se hace rápidamente importante, difícil de manejar, así como sus asaltos de rabia, violencias a menudo incontrolables.

Federica viene a verme, pero dentro de ella una voz le dice: «¡No lo hagas! ¡No vayas allí! ¡Es solo un cura loco! Olvídalo. ¿Ves a tus hijos? Desde que se te metió en la cabeza la idea de huir de la secta están mal, ¿te parece justo? ¿No te sientes culpable?».

Tal vez sí, pero de todos modos ha encontrado el coraje de venir a pedir ayuda. Y henos aquí a mí, a ella, a sus hijos, tratando de remediar un error desafortunadamente grave. Sí, porque los satanistas, los sacerdotes de Satanás, existen y obran en medio de nosotros. Son muchos, no pocos. Y los de verdad también saben qué hacer. Son poderosos, saben cómo actuar, saben cómo ganar adeptos. Y los errores que inducen a cometer son realmente devastadores.

Están en todas partes, pero creo que hoy usan la web como principal instrumento para buscar nuevas presas. Se camuflan bajo nombres falsos, seducen a las presas más indefensas, siempre pasando de la amistad virtual a propuestas de encuentros reales. Es necesario vigilar, prestar atención; si se es padre sobre todo hay que controlar el tiempo que pasan los hijos en la web. No demonizo Internet, no faltaba más. Pero dado que es un instrumento accesible a todos, se puede encontrar de todo. Muchas cosas buenas, pero también muchas cosas malas.

He leído recientemente varias entrevistas a exorcistas en los principales periódicos. Los títulos eran del tipo: *Il diavolo dilaga sul web (El diablo se esparce en la web)*. Y he leído los comentarios en las redes sociales dedicados a esos mismos artículos. En Facebook, en Twitter, muchos usuarios se reían. Yo les digo, les ruego: ¡no os riáis! Estad más bien atentos. El diablo está en Internet, en particular en las redes sociales, es decir, en las comunidades virtuales en las que se puede discutir de temáticas de trasfondo satánico sin censura. Todo es compartido. Y a menudo a alguien se le ocurre la idea de invocar al Maligno, invitándolo a manifestarse. ¿Pero no saben que si lo invitan, él viene?

Hasta no hace mucho tiempo la invocación del diablo era un fenómeno marginal. Con el advenimiento de Internet, y sobre todo de las redes sociales, el fenómeno se ha vuelto popular y ya el diablo es invocado también a través de la web. El riesgo es que esta invocación haga caer en la trampa a los más indefensos.

Los satanistas están en todas partes, muchos de ellos son magos o médiums. No vayan donde ellos. Manténganse alejados. Quien los frecuenta, suele terminar mal. Enseñan incluso a hacer maleficios. Pero lo que ignoran es que el mal es siempre un bumerán. Lanzado hacia delante, siempre vuelve, y digo siempre, hacia atrás. Porque quien vence al final es Cristo, es decir, el bien. Sí que tengo la razón.

Los que siguen a los satanistas, luego son llevados a cumplir órdenes absurdas, acciones de una violencia y de una brutalidad verdaderamente inauditas. Y yo les pregunto: ¿se puede decir que sus vidas están realizadas? ¿No están más bien destruidas, llevadas a un estado de depravación inhumana? ¿Y todo esto por qué? Porque sin que se den cuenta son llevados a odiar a Cristo, a Dios. Es estúpido orgullo, el orgullo de quien no acepta ser criatura de Dios.

Recuerdo el caso de Filippo Tommaselli de Carrubo, en Sicilia. Era el año 1920. Se había comprometido a buscar un fantástico tesoro, guiado por la maga Antonina Ricciardi y por su marido Filippo Palizzolo. Para romper el sortilegio que impedía el hallazgo del tesoro, estos consideraron necesario la sangre de tres niños y de una mujer embarazada. Para comenzar, degollaron a un niño de nueve años –Salvatore Terranova–, cuyo cadáver fue encontrado absolutamente desprovisto de sangre el 18 de marzo de 1920. Fueron, luego, descubiertos y arrestados, y la trágica secuencia de delitos acabó. Terminaron su vida en la miseria. ¿Valía la pena?

En 1989 en Matamoros, México, doce personas fueron asesinadas en ritos afrocubanos, como el Palo Mayombé, torturados con los métodos más crueles y despiadados, y luego acabaron en pedazos en una caldera para poder comérselos y recibir la energía vital y la inmortalidad. Una inmortalidad que no existe. Una mentira inculcada en sus mentes por otras mentes perversas.

También en 1989 en Orbassano, cerca de Turín, encontraron restos de cadáveres que fueron usados para ritos satánicos, después de las inútiles investigaciones de al menos tres víctimas de desapariciones repentinas: una chica de veinte años, una niña de diez años, una chica de veintitrés años y varios fetos. Un horror que clama venganza en la presencia de Dios. Pero Dios hará su justicia. Lo dice claramente el Apocalipsis: «El ángel metió su hoz sobre la tierra y vendimió la viña de la tierra y arrojó las uvas en la gran cuba de la ira de Dios. Y la cuba fue pisada fuera de la ciudad y brotó sangre de la cuba hasta la altura de los frenos de los caballos sobre una extensión de trescientos kilómetros». En la cuba de la ira del Señor serán lanzados sin piedad los impíos, allí donde ellos mismos se condenan a ir.

En enero de 1996 se encuentran en Creta los cadáveres de una pareja de Vicenza, decapitados, probablemente como expiación de culpas (tal vez habían intentado salir del ambiente del satanismo o habían querido hablar). No solo si se entra en estas cuestiones se acaba mal; el drama es que luego, de hecho, no se puede salir, a costa a veces, incluso, de dar la vida.

Quien sigue a los satanistas es frecuentemente inducido al suicidio. En el interior del mundo del ocultismo, en efecto, la ideología del suicidio (de masa o personal) juega un papel importante, mucho más que la ideología del homicidio; la persona que pertenece al credo del ocultismo debe saber anularse completamente en nombre de la fe profesada, de modo que manifieste al mundo que los «espíritus» en los cuales cree han tenido pleno cumplimiento y realización sobre la materia (es decir, sobre el cuerpo), haciendo libre a la persona ante el mundo y satisfecha plenamente en sus deseos, tanto como para poder renunciar a su propia vida porque no tiene nada más que ofrecer posteriormente. Aleister Crowley, el mago-satanista más seguido del último siglo, en su texto fundamental *El libro de la ley (Liber al vel Legis)*, deja a sus seguidores las siguientes normas: «Regla 21: ¡Si el cuerpo del rey (del mago) se disuelve, él permanecerá en puro éxtasis para siempre! Regla 65: ¡Emociónate con la alegría de la vida y de la muerte! ¡Ah! Tu muerte será bellísima, cualquiera que la vea será feliz. Tu muerte será el sello de la promesa de nuestro largo amor (el mago y el espíritu que le está hablando): ¡ven!». Aunque el suicidio sea presentado desde una óptica mágica y maravillosa –es decir, como cumplimiento de un propósito–, sigue siendo un desprecio de la vida y así es propagado.

Es necesario reconocer, sin embargo, también el hecho de que en el satanismo difícilmente se encuentra a personas abducidas: la mayoría de las veces los adeptos entran en el ámbito interno solo porque están seriamente motivados, aunque no siempre comprenden hasta el fondo y con antelación que aquello en lo que se están metiendo no siempre permite volver atrás. Entrar en los círculos internos de una secta no está permitido a todos indistintamente. Y quien entra lo hace casi siempre por un acto libre de la propia voluntad. Los nombres de estas sectas están entre los más atrayentes, como Templo del Sol de Oro, Centro del Sol Negro, Congregación de Oid, y otros menos seductores pero más eficaces como Los adoradores de la nada, Orgasmo negro, Templo de Satanás, Hijos de Samael, etc.

Federica estaba en una de estas sectas. Desde que decidió liberarse empezaron sus problemas, en el sentido de que los problemas en torno a ella se han agudizado. No es un drama:

es simplemente el mal que trata de resistir. En su caso, como en el caso de sus hijos, esta resistencia es más dura que en otros. Porque aquí el mal no está fuera, sino dentro de sus cuerpos.

He decidido no hacer más exorcismos a Federica, Pascual y Fabricio juntos. Prefiero convocarlos por separado, cada uno personalmente. Es un esfuerzo necesario, pues soy consciente de que unidos pueden ser más resistentes, sobre todo, bajo el exorcismo.

Las reuniones se desenvuelven sustancialmente sin excesos. Escupen, babean, me insultan, se agitan en el suelo, pero no les sucede nunca nada exagerado. Además, su vida cotidiana poco a poco mejora, aun cuando la posesión en todos ellos está bien arraigada. A menudo, después de los exorcismos quedan libres por algunas horas. Pero luego todo vuelve a ser como antes.

Así que consigo mejorías, pero nunca logro manejar todos los hilos ni llegar a una conclusión digna de este nombre. Así que he decidido con Federica –que sé que es la causa de la posesión de todos, en el sentido de que fue ella quien llevó a los satanistas a sus hijos– asestar un golpe con mayor decisión.

Durante un exorcismo la confronto. Sé mucho de su posesión y de la de sus hijos, porque conozco el origen de ella. Pero sé poco de los espíritus que la poseen tanto a ella como a sus hijos.

—¿Estás solo o con otros? ¡Responde en el nombre de Cristo! –pregunto.

—¿Con qué autoridad me preguntas eso? No te conozco.

—No importa quién soy. Importa en el nombre de quién estoy aquí hoy: Jesucristo, ¿no te dice nada este nombre?

—¿Quién? ¿El Nazareno?

—El mismo.

—¿El que murió solo en la cruz como un perro?

—No te permito hablar de este modo de nuestro Señor.

—Yo hablo como quiero de quien quiero, ¿te queda clara la idea, cura?

—La cruz te ha vencido para siempre. Quisieras hacerlo tuyo, pero no has podido. Su muerte es su victoria. Su pasión, su medalla. ¡La eternidad, la vida en la que Él está ahora!

—¡No sabrás nunca nada de mí! Yo no hablo contigo. Tú no eres nada.

—Te lo repito, espíritu malvado, por última vez: dime si estás solo o ¿cuántos sois?

—¿Son tres poseídos o me equivoco?

—Aquí las preguntas las hago yo. ¿Cuántos sois?

—Tú no sabes nada, cura. Hay tres poseídos, dentro de cada uno hay uno distinto. Somos tres.

Sé que no miente. Cada vez que dice «Tú no sabes nada», he aprendido a reconocer que dice la verdad. Generalmente miente, pero no cuando dice esta frase.

—¿Quiénes sois? ¿Cómo os llamáis?

—Tú quieres saber muchas cosas. Hemos sido invitados a entrar. Hace años. Nos han invocado y nosotros hemos venido. Y ella, ella es la causa. Fue ella la que traicionó a su marido y se entregó a un satanista.

No sé si dice la verdad. Federica me explicó que fue después de la muerte de su esposo cuando buscó otras compañías, no antes. Si lo hizo antes, y además con un satanista, comprendo el motivo de una posesión tan dura.

—¿Tú quién eres? Esta es la pregunta que yo, sacerdote de Cristo, te hago. Ahora responde.

Y mientras pronuncio estas palabras asperjo sorpresivamente agua bendita sobre Federica.

Ella retrocede, grita de dolor, y dice:

—¡Basta! Está bien, te lo digo: ¡Yo soy Satanás!

—No mientas: ¡Dime quién eres y quiénes son tus dos compañeros de desventura!

—Tú no sabes nada, cura. Yo soy Asmodeo, el demonio que destruye los matrimonios. Pero ella, Federica, destruyó el matrimonio antes de mi llegada. Antes de la muerte de su marido, no después, se entregó a su amante, un satanista muy fuerte que luego consagró a sus dos hijos. Yo, Legión y

Balam, llegamos esa noche, la noche en que llevó a sus hijos para consagrarlos. Fuimos invocados y vinimos.

Es la verdad. Son tres: Asmodeo, Legión y Balam. Y llegaron la noche en que Federica permitió que sus hijos, aún pequeños, fueran consagrados a Satanás.

—Ya basta. Vete. Ellos no os quieren. Ellos no os pertenecen.

—Tú no entiendes nada, cura. Un alma no se regala así. Un alma conquistada es para siempre.

—Solo Dios tiene el poder de conservar para siempre, de dar la eternidad. Tu «para siempre» no existe.

Y ahora extiendo el borde de la estola morada en torno a Federica.

Le pido a Federica que vuelva. Es con ella con quien estoy hablando ahora. «Federica, retoma el dominio sobre ti misma. No cedas. No te anules. Sé que me oyes. Vuelve aquí. Expulsa también tú a Asmodeo y sus seducciones».

Ahora la estola pesa sobre la espalda de la mujer. Ella lucha, se ve, pero lucha también Asmodeo, que, sin embargo, sabe bien que no puede resistir mucho ante mí. Yo, sacerdote de Cristo, tengo un poder ante el cual ni siquiera el más potente de los demonios puede resistirse.

¿Quién puede resistirse al poder de Cristo? Nadie, aunque, dado que somos criaturas libres, a este poder podemos decirle no, rechazarlo. Pero si nos rebelamos, seremos siempre los perdedores.

En los días siguientes pienso mucho en las palabras del que posee a Federica. Generalmente es oportuno no detenerse mucho en estos diálogos. No tiene sentido, pueden simplemente confundir. Lo mejor es orar y no titubear. Pero esta vez hay algo que se me escapa. Debo reflexionar.

Asmodeo, Legión, Balam... No he oído nunca que algún texto sagrado hable de los tres juntos... Pero creo que el punto que se debe focalizar es de todos modos este: son tres y llegaron juntos. Llegaron porque fueron invitados, pero, sobre todo, lo que cuenta es que llegaron juntos. He aquí el asunto que se me escapaba: aunque será duro, es necesario enfrentarlos juntos, deben ser enfrentados en conjunto. Juntos han llegado y juntos tienen que ser expulsados a su mundo.

Verdaderamente, cada exorcismo es una historia en sí. Es necesario no solo orar, sino también saber observar. Cuando el poseído habla, el demonio que tiene dentro de sí descubre un poco sus puntos débiles. Y no se acaba nunca de aprender. El diablo es astuto e inteligente. Pero muestra sus puntos débiles ante los que no confían en sí mismos, sino en Dios. La humildad confunde, la humildad vence, porque dentro de la humildad está Dios que puede obrar y obra. La mejor arma de la que dispone un exorcista es precisamente la humildad. Con ella todo será más sencillo y coherente. Porque la humildad le permite actuar al infinito poder y misericordia de Dios.

Enfrentar a los tres poseídos y sus respectivos demonios juntos. El asunto no me asusta, pero no estoy seguro de que esta misión me competa a mí. ¿Cuántas veces los poseídos se han liberado por sí solos, después de años de exorcismos, quizá mientras paseaban por un campo de trigo? ¿O cuántas veces se liberan después de años de exorcismos incluso pidiendo la bendición a un sacerdote que se encontraron por casualidad durante una visita a un santuario?

Y entonces pienso que tal vez es oportuno que yo confíe a alguien más esta otra misión, si esta persona considera oportuno hacerlo.

De lo contrario, continuaré yo. No tengo miedo ni mi intención es salirme del asunto.

He ahí a tu Madre

«Pondré enemistad entre ti y la mujer».

Así, al comienzo de los tiempos, condenando a Satanás, Dios preanunciaba a María, la mujer enemiga acérrima del demonio, que sería derrotado por su hijo Jesús.

Y una vez más, al final de los tiempos, el libro del Apocalipsis nos dice que aparece en el cielo una señal grandiosa: «Una mujer vestida de sol, con la luna bajo sus pies, y alrededor de su cabeza una corona de doce estrellas». De nuevo se profetiza a María. Así, su presencia abarca toda la historia humana.

María es una persona extraordinaria que a lo largo de los siglos vamos descubriendo cada vez más. Es una humildísima mujer que vivió en un pequeño pueblo de Galilea, Nazaret, tan secundario que no se recuerda en el Antiguo Testamento, ni en el Talmud, ni por Flavio Josefo. «¿Qué cosa buena puede salir de Nazaret?», pregunta con desprecio Natanael a Felipe.

Cuando llegó la plenitud de los tiempos, Dios había preparado a María para que se convirtiera en la madre de su Hijo.

Estaba lista por tres características particulares: era inmaculada, siempre Virgen, esposa de José.

«Inmaculada». No era posible que el Hijo de Dios obtuviera su carne mortal de una criatura manchada por la culpa del pecado original. Sin embargo, María, como toda criatura humana, necesitaba ser redimida por Cristo. Para ello ha estado el Espíritu Santo: ha aplicado a María en forma previa los méritos de Cristo. Nosotros crecemos con el pecado original que se nos borra con el bautismo. María nació sin el pecado original porque la pasión del Señor le fue aplicada en modo preventivo, es decir, de modo que la culpa original no la tocara. Por lo cual también ella es redimida por el Señor, es la primera redimida.

La exención de la culpa del pecado original es un don puro de Dios. Pero hay más. María nunca cometió la más pequeña culpa, única entre todas las criaturas; y este es su mérito, por su total correspondencia a la gracia. Los ortodoxos la llaman, por este motivo, toda santa.

«Siempre Virgen». Esta característica ha sido el fruto de una inspiración del Espíritu Santo, desde el primer momento de su uso de razón. No era conocido en Israel el estado de la virginidad elegido para pertenecer totalmente a Dios. En Israel se estimaba la fecundidad, con el deseo de poder emparentarse con el Mesías. La esterilidad era considerada un deshonor, una maldición. María no tenía ningún ejemplo de virginidad ante ella. Además, todas las grandes mujeres de Israel habían sido fecundas, a veces gracias a una intervención milagrosa de Dios. Es solo con Jesús cuando se difunde el conocimiento y el aprecio de una vida consagrada enteramente a Dios, incluso en la pureza corporal, en la virginidad.

«Esposa de José». También esta cualidad formaba parte de la preparación para que María fuera la Madre de Dios. No era posible que tuviera un hijo sin que la gente reconociera la paternidad. Y tengamos presente que en Israel, en determinadas situaciones, la paternidad legal era comparada con la paternidad física; por ejemplo, en la ley del levirato: cuando un hombre moría sin hijos, el hermano esposaba a la viuda y el primer hijo que nacía se le atribuía al difunto.

También el esposo de María había sido precisamente preparado por Dios. José era justo, descendiente de David, era casto.

«Justo». En la Biblia cuando a alguien se le denomina «justo», significa que es irreprensible ante Dios, que ama a su Señor y obedece fielmente a sus mandamientos y a su voluntad, tal como se manifiesta en las distintas circunstancias de la vida.

«Descendiente de David». Cada vez que Lucas y Mateo nombran a José añaden: «De la casa de David», «de la familia de David». Este requisito es muy importante para el Mesías, que ha sido profetizado como descendiente de David. Y es José quien da a Jesús la estirpe de David, por lo cual Jesús nace en Belén y en la vida pública es llamado «hijo de David». A mí me incomodan determinados apelativos atribuidos a José, como «padre putativo». Es una negación: se cree padre, pero no lo es. O «padre nutricio», es decir, que da a su hijo de comer. Es una banalidad. Prefiero llamarlo «padre davídico de Jesús».

«Era Virgen». También a san José, el Espíritu Santo, para prepararlo para que se convirtiera en el esposo de María, había inspirado ese estado de vida, para pertenecer completamente y para siempre solo a Dios. Me parece que es una condición evidente. En una ciudad pequeña como Nazaret, con cerca de ciento cincuenta habitantes, todos se conocen desde pequeños. Si María y José se hubieran casado con diferentes intenciones –ella, de virginidad, y él, de formar una familia–, su matrimonio habría sido nulo. Es necesario pensar, en cambio, que estaban de acuerdo sobre este proyecto de vivir solo para el Señor, aunque no sabían que el motivo de su excepcional unión era el Hijo de Dios.

Sabemos, sin embargo, que José era herrero-carpintero. Esto nos hace comprender la condición económica de la familia en la que nació y creció Jesús: no miserable, pero sí de modesta condición, como la de quien vive día a día de su propio trabajo.

El matrimonio ocurría en dos momentos diferentes. Eran los padres quienes lo arreglaban, aunque obviamente a los hijos se les escuchaba. En aquel tiempo todos se desposaban muy jóvenes. Las chicas de los doce a los catorce años; los jóvenes hacia los diecisiete o dieciocho años. En el día acordado el joven, acompañado por sus padres, iba a la casa de la chica, que lo esperaba junto con sus padres. También José lo hizo así. Y dijo simplemente: «María, te elijo como mi esposa, según la ley de Moisés», o palabras similares. La bendición de los padres daba un sentido sagrado a la ceremonia. Así el matrimonio era estipulado. Durante un año los esposos generalmente permanecían en sus casas. El joven debía proveer al futuro hogar, pagando el desposorio a los padres de la esposa: era una garantía para ella. Después de alrededor de un año se celebraba el solemne ingreso de la esposa en la nueva casa. Eran las nupcias solemnes, con la participación de parientes y amigos, que en general duraban siete días.

Durante este año de espera, entre las dos etapas del matrimonio, aconteció el episodio de la Anunciación, es decir, el hecho fundamental de la encarnación del Verbo. Estamos acostumbrados a expresar el saludo de Gabriel con las palabras: «Ave, llena de gracia». La verdad es otra. No ha sido el saludo usual *shalom,* es decir, «la paz contigo», sino que Gabriel ha dicho: *chaîre,* que quiere decir «exulta», «alégrate», «sé feliz». Es un saludo muy conocido por los judíos, usado una sola vez por Zacarías, Sofonías y Joel, solo y siempre en sentido mesiánico. He aquí por qué María se exaltó: «¿Qué tengo yo que ver con el Mesías?». Pero luego la misma María responderá: «Soy la sierva del Señor, hágase en mí lo que has dicho». En este instante sucede la encarnación del Verbo. Dirá el Concilio: era necesario que la aceptación de la madre precediera a la Encarnación. Dios nos trata siempre como criaturas inteligentes y libres, y así trata también a María.

Luego la Virgen se apresura a ir a casa de Isabel, ¿por qué? Porque ha comprendido por las palabras del ángel que hay una estrecha relación entre su hijo y el hijo de Isabel: hay un vínculo en su misión. Isabel, al pronunciar la primera bienaventuranza del Evangelio: «Bienaventurada tú que has creído», es decir, la bienaventuranza de la fe, es la primera persona que llama a María Madre de Dios, la primera en reconocer a su hijo como Hijo de Dios, la primera en proclamarla bienaventurada, como luego será proclamada por todas las generaciones. Son supremacías extraordinarias.

El nacimiento en Belén, la ciudad de David, la huida a Egipto para evitar la matanza de los inocentes, el retorno a Nazaret. Aquí, en el largo período de la vida escondida, sucede un episodio contado por el Evangelio: a los doce años Jesús se queda en Jerusalén y es encontrado en el templo. Es en esta ocasión cuando conocemos las primeras palabras de Jesús, palabras que permanecen misteriosas: «¿Por qué me buscábais?», pregunta Jesús a sus padres que, al perderlo, van a buscarlo. «¿No sabíais que debo ocuparme de las cosas de mi Padre?». Es un reclamo a la preeminencia absoluta de Dios. La obediencia a Dios es superior a la obediencia a los padres. Dirá Jesús: «Mi alimento es hacer la voluntad de mi Padre». Es un reclamo claro para todos nosotros: Dios es puesto en el lugar absoluto, siempre y en toda ocasión.

En este mismo período de vida escondida, no sabemos en qué año, sucede la muerte de José, acompañado por Jesús y por María, por lo cual él es recordado como patrón de la buena muerte. Fue un verdadero padre, porque dio a Jesús todo lo que un buen padre puede dar a su hijo. Y, efectivamente, no creo que Jesús haya llorado solo en la muerte de Lázaro. ¡Cuánto habrá llorado en la muerte de su padre José! También fue un esposo ejemplar, que en su respeto a la virginidad de su esposa enseñó la veneración a la Virgen. ¡Cuánto habrá venerado a su mujer, a quien amó con verdadero y purísimo amor! El amor, efectivamente, no está en primer lugar en los sentidos. Mirad cuánto se aman los esposos ancianos.

En estos años de vida escondida, Jesús estuvo mucho tiempo con su madre. Como muchas veces lo hará con los apóstoles, le predica todo, sin más. Le preanuncia los tres años de vida pública en los cuales estarán separados. Ella sabe que debe seguirlo con la oración. Sin más, Jesús le habla de su pasión y de su muerte. Y la cita a los pies de la cruz: allí se volverán a ver, y ella lo ayudará en los últimos instantes de vida terrenal. Le dice también que resucitará al tercer día. En fin, Jesús informa con antelación a su madre. Por lo demás, tenemos una confirmación en las bodas de Caná, cuando

Jesús usa la expresión que hace que los bibliólogos se devanen los sesos, pero que a mí me parece muy clara: Mujer, tú eres la madre del Redentor profetizada al comienzo de la humanidad, sabes que ahora debemos estar separados durante tres años, pero nos reencontraremos cuando haya llegado mi hora, la hora de la muerte. Son palabras claras porque expresan que evidentemente Jesús está hablando de un asunto ya conocido por María. En conclusión, Él ya la ha informado de todo. Tanto que se prepara y, antes de dejarla, provee para ella. Según el uso judío, una mujer sola ha de ser confiada a una familia de parientes. Así lo ha previsto Jesús. Después de su partida, siempre encontramos a María junto a unos parientes, incluso en el último episodio en el que se nos habla de ella: María con los apóstoles en espera de Pentecostés.

«Una espada te traspasará el corazón», había profetizado a María el anciano Simeón en el episodio de la presentación en el templo. La vida de María es una vida toda entrecruzada por el sufrimiento, en cooperación con la obra del hijo que la quiere no solo como madre, sino también como copartícipe de toda la obra de la Redención.

No dudemos en absoluto en llamarla corredentora, en dependencia del Hijo. Y en los sufrimientos más atroces conoce lo que los místicos llaman la noche de la fe. Cree más que Abrahán, que es tan fiel que no duda en sacrificar a su hijo Isaac, el cual luego es preservado. A María, en cambio, no se le ahorra nada. A su hijo lo ve muerto, abraza a su hijo muerto.

Pero a los pies de la cruz, María está como una estatua de amor y de dolor al mismo tiempo. De amor por su hijo y por todos nosotros. El de María fue un dolor inmenso por el sufrimiento de Jesús, un dolor al cual también había dado su consentimiento, como afirma el concilio Vaticano II. No era un consentimiento a las torturas, a los clavos, a los insultos blasfemos. Era aceptación de la voluntad de Dios: así lo quiso el Padre, así lo ha querido Jesús, así lo quiero yo. Su aceptación de la muerte del hijo ha sido su mayor contribución a la Redención.

Y alimentaba un sentimiento de profunda gratitud. Mirando ese rostro desfigurado por el escarnio, por los escupitajos, ver esos clavos, ese cuerpo flagelado, pensaba cuánto costaría la Redención. Pero ella agradecía porque fue gracias a todos esos tormentos, que le fueron aplicados en el momento de su nacimiento, que ella era inmaculada, siempre Virgen, Madre de Dios y madre nuestra, y que todas las generaciones la llamarían bienaventurada. Veía en aquellas llagas el precio de la Redención de cada uno de nosotros. Sufría precisamente por tantísimos que habrían de rechazar la salvación ofrecida y recuperada por Jesús. Cuánto hay que aprender. Cada uno de nosotros, cuando ve un crucifijo, la primera palabra que debería decir es: «¡Cuánto te ha costado! Gracias».

«He aquí a tu hijo», son las últimas palabras que le dice Jesús. Luego, la muerte. Pero después, la gloriosa Resurrección y la Ascensión al cielo. La Resurrección es la confirmación de todas las enseñanzas de Jesús, de sus promesas; es la victoria definitiva sobre la muerte y Satanás.

Seguirá Pentecostés, cuando María está con los apóstoles y los asistirá en los inicios de la evangelización. Luego, terminado el decurso de su vida terrena, María será asunta al cielo, primera criatura completamente glorificada. Y es aquí que comienza toda una nueva vida. La vida terrena la ha vivido escondida en constante oración en unión a su hijo, en los sufrimientos más atroces y en la noche de la fe. No ha predicado. No ha hecho milagros. Solo ha orado y sufrido, unida a la voluntad del Padre. Ahora todo cambia. Íntegramente en alma y cuerpo, comienza una actividad que durará hasta el fin del mundo. Para nosotros, una vez muertos, cesa toda actividad terrena: quedan el amor y la oración. Para María es distinto. Jesús la ha elegido no solo como madre, sino también como cooperadora de toda la obra de la Redención; es verdaderamente la corredentora y la mediadora de todas las gracias.

La Redención se ha dado. Ahora es aplicada a todos los hombres, debe ser recibida por todos los hombres. En Caná, la Virgen pronunció las últimas palabras que de ella recuerdan los evangelios: «Haced todo lo que Él os diga». Desde la Asunción en adelante María ejerce su maternidad hacia cada uno de nosotros, uno por uno en particular, con un amor y un cuidado incesantes para animarnos a hacer todo lo que ha dicho Jesús. En verdad ella parece presentarnos el rostro materno del corazón de Dios. Ella coopera con la obra del Espíritu Santo sobre cada uno de nosotros, como ya lo había hecho para el nacimiento de Jesús.

El pueblo, a lo largo de los siglos, ha desarrollado cada vez más el conocimiento de María y su culto. Lentamente la liturgia ha ido detrás del culto popular, y mucho más lentamente los teólogos se han pronunciado y han sido proclamados los dogmas marianos: Inmaculada, siempre Virgen, Madre de Dios, asunta al cielo.

Es magnífica la más antigua oración mariana difundida ya en el siglo III, que es una verdadera consagración a María: «Bajo tu amparo nos acogemos, santa Madre de Dios. No desoigas nuestras súplicas que te dirigimos en nuestras necesidades y peligros».

Se ha visto cómo la devoción por la Virgen es el recurso extremo en los tiempos más difíciles, tiempos de calamidades, de guerras, de miserias. Pero hay que reconocer que una forma eficaz de su apostolado son las apariciones en todo el mundo, las cuales han dejado una señal y una llamada permanente en los millares de santuarios que han inmortalizado los acontecimientos. Así se han multiplicado las advocaciones marianas y las oraciones a María.

La primera aparición tuvo lugar incluso cuando la Virgen todavía estaba viva en Jerusalén. Naturalmente no hay pruebas históricas, sino solo una antigua tradición. La Virgen se habría aparecido a Santiago apóstol, mientras predicaba en España, en Zaragoza. Es un hecho que allí surgió el más famoso santuario mariano de España dedicado a la Virgen del Pilar. ¿Y cómo no mencionar las apariciones de la Virgen de Guadalupe, que abrió el camino para la conversión de América Latina? Las recientes apariciones en Lourdes y en Fátima son conocidas por todos por las continuas peregrinaciones. Y han continuado desde su inicio, en 1981, las apariciones de Medjugorje, que aún no han sido reconocidas por la Iglesia, porque todavía están en curso. La Iglesia se pronunciará solo cuando hayan terminado. Pero no dudo en declararlas apariciones conmovedoras, que llevan ya más de treinta años y que han atraído hasta ahora a más de cincuenta millones de peregrinos de todo el mundo, con un séquito de grupos de oración surgidos en todas partes, y con frutos tan maravillosos que nos dan la certeza, afirmada por el Evangelio, de que la planta es buena.

Vivimos tiempos muy duros pero la Virgen ha prometido: «Al final, mi Corazón Inmaculado triunfará. Rusia se convertirá y será dado al mundo un tiempo de paz». Por lo cual la perspectiva para el futuro es tranquilizadora.

Termino invocando la materna y afectuosa protección de aquella que nos ama a todos, uno por uno, con un amor inmenso, con el mismo corazón con el que ama a Jesús.

Noviembre de 1988, frío y viento del norte sobre Roma. Son necesarias varias semanas más para convencer a Angelo de que deje la ciudad una vez más y vuelva a ver a monseñor Angelo Fantoni, en Toscana. Parece imposible, pero es su mujer Dora la que lo convence, después de haber ido sola a pedir ayuda a monseñor Fantoni.

—Mándame a tu marido –le dijo monseñor Fantoni.

—¡No vendrá nunca! –le respondió Dora.

—Vendrá, como vino la primera vez.

Una vez de vuelta en casa, Dora trata rápidamente de convencer a Angelo.

—Angelo, ¿por qué no vuelves a ver a monseñor Fantoni? Te ha sanado una vez. Tal vez pueda darte más serenidad además de todo lo demás –le dice, tratando de ser lo más delicada posible.

—Voy a ir –responde sorpresivamente Angelo. Y por segunda vez, se encamina solo hacia la estación, toma el tren y vuelve al mismo hotel.

En las últimas semanas ha retomado mayor control de sus facultades, hasta casi admitir la posesión en mi presencia y del padre Cándido.

Permanece en Monte San Savino cerca de un mes.

¿Qué hace? ¿Qué encuentra?

Parece increíble, pero durante todo el mes no hace absolutamente nada. No busca a monseñor Angelo Fantoni. En esencia, permanece encerrado en el hotel todo el tiempo.

Con todo, a él, como a ningún otro, la cercanía de monseñor Angelo, ocupado en las tareas de siempre en el interior de su parroquia, le beneficia increíblemente.

Después de un mes, Angelo se siente libre completamente. Está libre del todo. Ha vuelto a ser el que era. Ya no es esclavo de Satanás.

En Roma, Dora abre la puerta de su casa. Angelo se presenta con un ramo de rosas y muchos besos para su mujer.

—Angelo mío, ¿estás curado? –le dice asombrada ante un rostro que se ha tornado increíblemente sereno.

—Sí, completamente.

—¿Qué me estás diciendo? ¿De verdad? ¡Querido Angelo, no sabes qué alegría me das! ¿Qué ha sucedido? Cuéntame.

—Nada en particular. No fui nunca a buscar a monseñor Fantoni. Pero sentía dentro de mí que hora tras hora su cercanía me hacía sanar. Lo sé, parece absurdo; yo mismo apenas lo puedo creer, pero así fue. Me ha liberado sin saberlo. Los sentía, los demonios, que hora tras hora se iban yendo inexorablemente. Y yo recuperaba todas mis facultades. Y ahora estoy aquí para comenzar finalmente la jubilación que hace tanto habíamos deseado vivir juntos.

Dora llora, abraza a su marido, llama al padre Cándido y comienza una nueva vida.

Angelo morirá después de un tiempo. El Señor lo acrisoló como es debido, antes del paraíso.

Octubre de 1999. El tren recorre lentamente la costa Liguria, con dirección a Ventimiglia. Pasa la frontera francesa y entra en la Costa Azul. Costea el mar del sur de Francia, luego gira hacia el norte, a los Pirineos, al lado de la ruta europea E80, la larga autopista que parte de Lisboa y termina en Turquía.

Los vagones están llenos de peregrinos, voluntarios de la Cruz Roja, discapacitados, enfermos, gente en busca de Dios, creyentes y también ateos. Todos van hacia Lourdes, la gruta de Massabielle donde Bernardita Soubirous dijo haber presenciado dieciocho apariciones de la Virgen María en 1858. En Massabielle, el 25 de febrero, Bernardita, siguiendo las instrucciones de la Virgen, encontró una fuente de agua.

En un compartimento de un vagón, los pasajeros Federica, Pascual y Fabricio están sentados mirando alrededor un poco circunspectos. No han estado nunca en un santuario mariano. No saben qué les espera. Se han fiado de mí y de mis colaboradoras. Después de años de exorcismo les hemos dicho: «Tal vez en Lourdes la Virgen os ayude. Tratad de ir».

Se han fiado de nosotros; en conclusión: han creído, y aunque todavía no lo sepan, esta fe recibirá el premio que merece.

Al llegar a Lourdes, deciden ir inmediatamente a la gruta. La gente desfila ante la imagen de la Virgen, reza y luego se retira. Los tres están agitados, cuanto más se acercan, más tiemblan.

—Lo lograrán –les dicen mis colaboradores–. Unos pocos pasos más y llegamos.

Ante la imagen están en trance. Se caen al suelo, tiemblan y luego los tres juntos dirigen al cielo un grito incomprensible.

Se levantan poco a poco, con la ayuda de muchas personas allí presentes. Están sonrientes. Después vuelven al hotel y durante su estancia en Lourdes se muestran normales.

Al volver a Roma, vienen a buscarme. Juntos oramos. También hago sobre ellos un rápido exorcismo.

Están libres, de todo.

Ese grito en la gruta ha sido una señal de su liberación. La Virgen, con su fuerza, los ha salvado.

Índice

Págs.